KINZAI バリュー叢書

元気な中小企業は ここが違う！

知的財産で引き出す会社の底力

土生　哲也［著］

一般社団法人 金融財政事情研究会

はじめに

中小企業――この言葉から、どのような企業を思い浮かべますか。
大企業の下請け、零細な下町の町工場、デフレ経済・円高不況で仕事が激減、人材不足、後継者が見つからない……。

特に近年は、リーマン・ショック、東日本大震災、未曽有の円高といった大きな試練に次々と直面し、中小企業にとって厳しい事業環境が続いています。

その一方で、日本の各地には、典型的な「中小企業」のイメージとは明らかに異なる、元気で前向きな中小企業も数多く存在しています。

筆者は二〇〇八年から、特許庁や各地の経済産業局のプロジェクトで、中小企業の知的財産戦略の推進を支援する目的から、全国各地で知的財産について先進的な取組みを進める中小企業を数多く訪問し、経営者へのインタビューを行ってきました。本書では、これらのプロジェクトを通じて接してきた中小企業から得たさまざまな情報をお伝えしていきます。また、弁理士として独立する約一二年前まで、筆者は政府系金融機関に勤務していましたが、知的財産権を担保にした新しい融資制度の立上げと、ベンチャーキャピタルでの投資業務を六年半にわたり担当し、数多くの中小・ベンチャー企業をファイナンス面からみてきました。その頃の経験も含めて、中小企業が元気になる秘訣を解き明かそう、というのが本書のねらいです。

特許庁や各地の経済産業局のプロジェクトで訪問してきた企業は、いずれもユニークな製品やサービスで積極的に事業を展開し、特許や商標の出願、ノウハウの管理といった知的財産マネジメントにも熱心に取り組んでいる中小企業です。規模だけをみると、まさに「中小企業」です。しかし、それらの企業を訪問してみると、いわゆる「中小企業」から連想されるイメージとは異なる空気が感じられました。前向きに生き生きと仕事に取り組み、自分の仕事や自分の会社に対する自信が、ひしひしと伝わってくるのです。

これらのプロジェクトを通じて、

「知的財産に力を入れている元気な中小企業は『何か』が違う」

と感じるようになりました。そしてずっと考えてきました。その「何か」とは、いったい何なのだろうか。

そして、その「何か」は、おそらくいまの中小企業、地域経済、そして停滞する日本経済が必要としているものであり、そこに中小企業、地域経済、ひいては日本全体に元気や自信を与えてくれるヒントがあるのではないか……。

結論から先にお伝えすることにしましょう。

この一～二年で、ようやくその「何か」の輪郭がみえてきました。

元気で自信にあふれた中小企業にみられる共通点であり、元気な中小企業と、不況に苦しんで元気を失っている中小企業の違い。

その一つは、「説明がうまい」ことです。

もう一つは、「気持ちのよい挨拶に迎えられる」ことです。

説明がうまい。このことには、どのような意味があるのでしょうか。

自社の強みを上手に説明できると、顧客やパートナーは、この会社にはどのような場面で何を頼めばよいのか、具体的にイメージしやすくなります。自社の製品のどこがほかと違うのか、その特徴を上手に説明できれば、顧客は製品の購入を検討しやすくなるし、販売代理店として手をあげる会社に出会う機会も多くなることでしょう。わが社の目指す目標を経営者が上手に説明できるならば、社員の意思統一を図りやすくなるのはもちろんのこと、その目標に共感して支援しようとする社外の協力者が現れる可能性も高まるはずです。

気持ちのよい挨拶に迎えられる。このことには、どのような意味があるのでしょうか。

訪問すると気持ちのよい挨拶に迎えられる、そんな会社だと、顧客やパートナーがその会社を訪れる機会はおのずと多くなることでしょう。それだけでなく、金融機関や自治体などの支援者にも、この会社を応援したい、力になりたいという気持ちが起こりやすくなるはずです。

そもそもこうした会社では、どうして多くの社員から、気持ちのよい挨拶が自然に生まれてくるのでしょうか。それは、会社の力になろうという気持ちで頑張っていること、つまり、社員の強い当事者意識の表れにほかなりません。会社への訪問者を、「自分の会社」のお客様として迎える気持ちがあるからこそ、そうした挨拶ができるのです。社員の一人ひとりが強い当事者意識をもって仕事をすれば、それが会社の大きなパワーになることは間違いありません。

このように、説明がうまく、気持ちのよい挨拶ができる会社であれば、「あの会社の製品を購入したい」というファンがふえ、さらに「あの会社の力になりたい」という応援団がふえ、会社を支える大きな力になってくれるはずです。

少ない人数でも社員の力が十分に引き出され、社員にはカウントされない社外の応援団のパワーまでも、生かしていくことができるのです。

そして、この「説明のうまさ」と「気持ちのよい挨拶」の背景に、実は、知的財産の力が大きく効いているということがわかってきました。

「知的財産」というと、読者の皆様はどのようなイメージを思い浮かべますか?

知的財産は、特許権や商標権のような独占的な効力をもつ権利のことです。独占権だから、他人にまねをされないためのもの、模倣品を排除するためのもの、といったイメージが強いのではないでしょうか。本書では、そういった固まったイメージにとらわれることなく、知的財産をしっかりとマネジメントすることが中小企業にどのような効果を与えるのか、そしてその効果が

「説明」と「挨拶」にどう結びつくのか、という謎を解き明かしていきます。その謎が解ければ、「説明力」と「挨拶力」を高めて、中小企業が元気になる秘訣が見つかるはずです。

では、その秘訣を探っていくことにしましょう。

目次

第1部 知的財産の力で「会社」を元気にしよう！

第1章 元気な中小企業の「説明力」と「挨拶力」

第2章　中小企業の元気を育む知的財産

第3章　知的財産の八つのはたらき

第4章　中小企業を元気にする秘訣

第2部 中小企業の力で「ニッポン」を元気にしよう！

第1部

知的財産の力で「会社」を元気にしよう！

第1章

元気な中小企業の「説明力」と「挨拶力」

1 中小企業の「知的財産」に注目する

話は一九九〇年代後半の、第三次ベンチャーブームの頃にさかのぼります。バブル崩壊に苦しむ日本とは対照的に、次々と現れるＩＴベンチャーが急速に成長し、好調な経済が続く米国。ベンチャー企業が経済を牽引する米国をお手本に、低迷する日本経済の救世主として、ベンチャー企業に注目が集まるようになりました。東証マザーズやナスダック・ジャパンといった新興企業のための株式市場が開設され、証券会社だけにとどまらず、銀行、生損保なども次々にベンチャーキャピタルを設立、ベンチャー企業への投資が活発になります。それまではあまり注目されることがなかったベンチャーキャピタリストという職業も、がぜん注目の的になってきました。

その頃、若手のベンチャーキャピタリストの間で、次のような議論が盛んに交わされていました。

「米国のベンチャーキャピタリストはプロ中のプロ。スタートアップのうちから有望なベンチャー企業を見極め、自らも経営に参画して、企業が成長するなかで重要な役割を担っている。ところが自分たちはどうだろうか。株式公開がみえてきた有望なベンチャー企業を探し、そこに通いつめ、社長に気に入られるよう努力する。そして増資のときに声をかけてもらい、ちょっとばかり割当てをもらう。まるで男芸者のようなものだ。

こんな仕事のやり方が、いつまで通用するんだろうか。自分たちもお金を出すだけでなく、もっと企業の成長に貢献できるスキルを身につけなければ、いずれ生き残れなくなってしまう。自分にはいったい何ができるのだろうか……」

そして、多くの若手ベンチャーキャピタリストが、単に投資をするというだけでなく、財務、会計、マーケティング、法務など、さまざまな側面からベンチャー企業の成長に貢献できるスキルを身につけようと努力していました。

そうした若手キャピタリストの一人であった筆者が注目したのが、「知的財産」です。

一方、その頃の特許などの知的財産の分野におけるプレーヤーというと、電機、自動車、製薬などの大手メーカーがほとんど。ベンチャー企業を含めた多くの中小企業にとって、知的財産は縁遠い存在でした。行政機関は、特許制度の説明会、料金の割引や助成制度など中小企業向けの支援施策を用意していたものの、そういった手続面や費用面を支援するだけで中小企業が知的財産制度を使いこなせるようになるわけではありません。そこで、二〇〇四年に「地域中小企業知的財産戦略支援事業」という、中小企業の知的財産に関する取組みを戦略面から支援するプロジェクトがスタートしました。当時、ベンチャー企業の知的財産戦略というテーマに注力していた筆者にも声がかかり、委員として関与させていただくことになったのです。

当時は、中小企業の知的財産戦略といっても、これといって整理された情報がほとんど存在しない状態でしたので、このプロジェクトで最初に取り組んだのが、中小企業の知的財産戦略のモデルとなる事例の創出です。知的財産マネジメントに力を入れたいという中小企業に手をあげてもらい、専門家を派遣して、半年程度の集中支援に取り組みました。そして、取組みの内容を公開するとともに、中小企業が知的財産戦略を推進する際の留意点を、マニュアルとして取りまとめました。その後は、各地域で支援のための専門家チームを組成し、マニュアルを活用しながらモデルとなるような事例の蓄積に努め、こうした取組みが五年間にわたって続けられました。

このプロジェクトに関与するうちに、どうもモヤモヤして、気になることが生じてきます。たとえば、特許権という権利を取得することにどういう意味があるのか。特許権は発明を独占的に実施することができる権利です。独占権なのだから、優れた技術を戦略的に特許権で囲い込めば、市場で独占的な地位を築いて大きな利益をあげられるはずです。ところが現実をみると、なかなかそうしたシナリオどおりにいくケースは少ない。それどころか、特許出願などの知的財産マネジメントにおいて生じる作業が日常業務の負担になり、支援期間が終了するとその活動をやめてしまうという企業すら存在しました。

その一方で、ユニークな製品やサービスで注目されるとともに、特許権を積極的に取得し、経営者が「知的財産は重要だ」と語っている中小企業も存在しています。

同じように知的財産マネジメントに取り組んでいるはずなのに、どうしてこういう違いが生じるのだろうか。

いったい、知的財産マネジメントは、中小企業の役に立つものなのだろうか、それともあまり役に立たないものなのだろうか。

役に立つとしたら、それが実際にどのようにはたらいて役に立っているのだろうか。

「知的財産権は独占的な権利で……」と、法律で決められた効果を理屈っぽく説明するだけなら簡単です。ところが、現実はそんなに単純ではありません。中小企業の現実的な事業活動における知的財産マネジメントの効果を、どのようにとらえたらよいのでしょうか。中小企業が製品やサービスを提供するだけでなく、あえて「知的財産」という見方をすること、特許や商標の出願、ノウハウの管理といった知的財産マネジメントに取り組むことに、どういう意味があるのでしょうか。そして、実際に成果をあげている中小企業の経営者は、なぜ「知的財産」に注目し、「知的財産」をどのようにとらえているのでしょうか。

こうした疑問を解き明かすには、とにかく生の声を聞いてみることです。

ユニークな製品やサービスで積極的に事業を展開し、事業として成果をあげている中小企業の経営者が、「知的財産」というものをどのように考えているのか。じっくり話を聞いてみよう。そしてもう一度、中小企業が知的財産マネジメントに取り組む意味、現実的な知的財産のはたらきを、一から考え直してみよう。

こうして二〇〇八年にスタートしたのが、特許庁の中小企業支援事業の一環として行われた、ユニークな製品やサービスで事業の成果をあげている全国各地の中小企業を訪問して、経営者にインタビューするというプロジェクトです。

このプロジェクトを通じて、いろいろなことがわかってきました。

2 元気な中小企業で見つけた共通の特徴

このプロジェクトでの中小企業経営者へのインタビューは、大変有意義なものでした。知的財産について、いままで十分にみえていなかったさまざまな側面が、インタビューを通じて明らかになったのです。その具体的な内容は追ってご紹介させていただくとして、初めにお伝えしておきたいのは、これらの中小企業にみられる共通の特徴です。

インタビューのために訪問した企業は、いずれも自社で開発したユニークな製品や、自社のアイデアに基づくユニークなサービスで積極的に事業を展開している「元気な中小企業」です。筆者が訪問しただけで五〇社近くになりますが、そこに「中小企業」という言葉からイメージされるような、不況に苦しみ、活力が低下した空気を感じることはまずありません。そして、製品やサービスの優位性といった目にみえる部分の違いだけにとどまらない、共通の「何か」が伝わってくるのです。

元気な中小企業は「何か」が違う。その「何か」とは、いったい何なのだろうか……。

その「何か」が感じられるのは、特許庁のプロジェクトで訪問した中小企業に限った話ではありません。筆者は六年半のベンチャーファイナンスの経験で、おそらく一〇〇〇社に近い数の中小・ベンチャー企業に接しましたが、そのなかでも融資ができそうだ、投資をしたい、と感じる企業は「何か」が違うのです。現在の業務で接している「特許を出願したい」「商標を出願したい」という、元気で前向きな中小・ベンチャー企業からも、普通の企業とはちょっと違う「何か」が伝わってきます。

その「何か」の輪郭が、最近になってようやくみえてきました。

それは、元気で、自信にあふれた中小企業にみられる共通点であるとともに、元気な中小企業と不況に苦しむ中小企業の違いでもあるものです。

その共通点の一つは、「説明がうまい」ことです。

社長へのインタビューが目的なので、聞くべきことがあって企業を訪問しているわけですが、社長のお話を三〇分もうかがっていると、こちらが聞きたかったことがほとんど明らかになってしまうのです。自社の製品はどういうもので、どこがほかと違う特徴なのか。どうしてこういう製品を開発しようと考え、事業をここまで展開することができたのはなぜなのか。そのなかで、特許出願などの知的財産マネジメントになぜ取り組み始めて、どのような効果があったのか。将来をどのように予測し、これから何をやっていこうと考えているか。

こうした内容をわかりやすく、客観性をもって説明することができるのです。

これに対して、筆者が金融機関で仕事をしていた頃の経験や、知的財産についても支援が必要な企業のプレゼンテーションなどを思い出してみても、伸び悩んでいる企業というのは、総じて説明がうまくありません。典型的なパターンは、こんな感じです。いきなり、延々と細かい技術の説明が始まる。そして、事業環境や競合のことをほとんど考慮せずに、自社の立場から「すごい、すごい」という説明ばかりが続いてしまう。そして、結局のところどういう企業なのか、よく理解できないままに時間が過ぎてしまう。これでは説明をしてもらった意味がありません。

「説明がうまい」こと、これが元気な中小企業にみられる一つ目の共通点です。

もう一つの共通点、それは「気持ちのよい挨拶に迎えられる」ことです。

訪問した企業の受付で呼び鈴を押すと、受付にいる社員だけでなく、多くの社員が一斉に立ち上がり、「いらっしゃいませ」と大きな声が聞こえてくる。工場などの現場をみせていただいたときにも、作業をしていた社員の手が止まり、「いらっしゃいませ」という挨拶が聞こえてくる。ほとんどの会社でみられた特徴です。

ショーワグローブ株式会社は、作業用・家庭用手袋で国内トップシェアを誇る手袋メーカーです。私たちが、いまも当たり前のように使っている、塩化ビニル製の手袋。この製品を世界で初めて開発したのは、兵庫県姫路市にあるショーワグローブという中小企業なのです。

多くの国内メーカーが悩まされているのと同様に、この分野も低価格を売りにした外国メーカーの攻勢で、競争環境は年々厳しくなっています。しかし、品質とサービスの優位性で、ショーワグローブは常に業界をリードしてきました。現場のニーズに対応した新製品を次々に開発することによって、外国の競合メーカーとの差異化を図っているのです。近年は、技術面でキャッチアップの速度が増してきた外国メーカーに対抗するため、知的財産マネジメントへの取組みも強化しています。

同社を訪問した際、いきなり驚かされたことがあります。ミーティングを行う会議室は、縦長の社屋のいちばん奥。受付から会議室まで、社屋を端から端まで歩いていくのですが、私たちの動きに沿って社員の皆さんが次々と立ち上がり、挨拶をしてくださるのです。その様子は、まるでスポーツのスタジア

図表１－１－１　ショーワグローブ㈱本社

図表１－１－２　㈱エンジニアのウェルカムボード

ムで起こるウェーブのようでした。

社員の皆さんの挨拶だけでなく、こんな迎え方をしてくださる企業もあります。

さびたネジや潰れたネジを外せる「ネジザウルス」をはじめ、独自開発の工具類で事業を拡大している、大阪市東成区にある株式会社エンジニアです。同社では、コンシューマ向けの製品の認知度を高めるために、「ウルス」というキャラクターを創作してＰＲに活用しています。

上の写真は、同社を訪問すると受付に置かれているウェルカムボードです。人の挨拶だけではありません。「ウルス」も一緒に、来客を迎えてくれます。このボードを目にすると、この後の打合せが楽しみになることは間違いありませんね。

一方の伸び悩む中小企業。これはいうまでもありませんが、社内の雰囲気は重苦しく、元気な挨拶というわけには、なかなかいきません。知的財産に関する支援事業で、支援の候補先としてヒアリングに訪問したある中小企業では、受付の呼び鈴を押してもだれも反応してくれず、後ろのほうから面談を約束していた専務が走ってきた、といったこともありました。「気持ちのよい挨拶に迎えられる」こと、これもまた、元気な中小企業にみられる共通の特徴です。

では、「説明がうまい」ことと「気持ちのよい挨拶に迎えられる」こと、この二つの特徴が会社の元気にどのように結びつくのか。そこを考えていくことにしましょう。

3 どうして「説明」が大切なのか

筆者はこれまでに、中小企業関連事業の支援先や補助金の交付先の選定、金融機関に勤めていた頃にはベンチャー企業の融資や投資の申込みに、数多く対応してきました。そうした場面で、とにかく困ってしまうのが「説明のわかりにくい企業」です。特に技術系の中小・ベンチャー企業によくあるのが、技術の細かい説明から入ってしまうパターンです。「うちの会社はすごい、うちの技術、製品はすごい」と一方的に語り、自社の特徴、製品の特徴を客観的に把握できていない。これではまるで、「木をみて森をみず」。業界全体の状況とそのなかでの位置づけ、他社と異なる特徴といった大枠を、ほとんど理解することができません。

細かい文字がびっしりと埋め尽くされ、全体像がよくわからない資料をみていると、うんざりして投げ出したくなってしまうことすらあります。それでも、公的事業のヒアリングではそういうわけにもいかないので、なんとか内容を理解しようと努めます。もちろん、理解できないままで終わってしまうことも少なくありませんが、いくつか質問を投げかけ、自分なりに整理をしているうちに、実はこの企業の考え方、この企業の製品はとてもおもしろいかもしれない、という部分がみえてきたりするケースもあるのです。

そして、こうした状況でふと思ったことがあります。

私たちは支援先を探すのが仕事だから、なんとか理解しようと努力するけれども、製品の説明を受けてわかりにくく感じた顧客が、辛抱強く話を聞こうとしてくれるだろうか。

代理店を依頼したい、販売力のある有力企業にプレゼンテーションする場を想像してみます。そこで相手が説明をわかりにくいと感じたときに、この製品をなんとか扱えるようにするために、もっと詳しく話を聞こうとしてくれるだろうか。

おそらく、顧客だって、代理店候補の企業だって、そんなに暇ではないはずです。

本当はおもしろい製品なのに、上手に説明できないために知られていない。知られていないから、売れてもいない。そんな製品が、世の中には数多く埋もれてしまっているのではないか。お金をかけた大規模な広告宣伝ができるわけでもなく、販売ルートも限られている中小企業に、そうした例が多いのではないだろうか。製品の良し悪しではない。説明できるか、できないか。その違いが、中小企業の事業展開を左右することが多いのではないだろうか。

販売面だけではありません。製品開発でも同じです。自社の技術をうまく生かしてくれる開発パートナーに、なかなかめぐりあうことができない。その理由は、技術力そのものの問題というより、自社の技術をうまく説明できていないことにあるのかもしれません。

資金調達も同じです。銀行から融資を受けられない理由は、返済能力そのものの問題より、説明能力に問題があるからかもしれません。

人材の確保にしても、よい人材を十分に得られない理由は、会社に魅力がないというより、会社の魅力をうまく説明できないことにあるのかもしれません。

説明できるか、できないか。

多くの中小企業は、説明がうまくできないために、さまざまなチャンスを逃してしまっている可能性があります。逆にいえば、説明がうまいことは、さまざまな人とのつながりを生み、ビジネスチャンスを拡大する大きな武器になるともいえるでしょう。

私たちのインタビューに上手に答えていただけるのと同様に、おそらくこうした企業は、顧客にも、パートナーにも、自社の特徴、自社製品のことを、上手に説明できているはずです。「説明がうまいこと」はこうしてビジネスの拡大、そして会社の元気に結びついているのです。

4 どうして「挨拶」が大切なのか

次に「挨拶」です。

気持ちのよい挨拶ができることによって、もちろんさまざまな効果が生じてきますが、ここではより根本的な問題として、どうして気持ちのよい挨拶ができるのか、そこから考えてみることにしましょう。

会社の受付に来客を迎えたときに、受付の担当者や、来客を待っていた当事者だけでなく、周りの社員が立ち上がって「いらっしゃいませ」と元気に挨拶をする。どうしてそのようなことができるのでしょうか。社長にいつも厳しく指導されているから。会社のルールだから。それが直接的な理由であるケースもあるのかもしれませんが、それでもそのルールを社員がきっちり守れているということに違いはありません。

気持ちよく挨拶できるということにどういう意味があるのか。それは、社長の来客だとか、他の部署の来客だとか、そういった他人事として来客を迎えているのではなく、その来客を「自分の会社のお客様」である、という意識で迎えているからではないでしょうか。そういう当事者意識から、自然な挨拶が生まれてくるのです。

社長のお客様は会社のお客様、会社のお客様は私のお客様。そうやって、社長への来客を、わが事としてとらえている。つまり、自分も会社の一部を支えているのだという当事者意識が、気持ちのよい挨拶に表れているといえるのではないでしょうか。

先日訪問したある中小企業でも、このような話がありました。飲食店の多店舗展開を進めて、業績を拡大している企業です。訪問した場所は管理部門がある本社ですが、受付の扉を開けると、そのフロアにいる社員全員が立ち上がっています。インタビューをした取締役の方に、どうしてそんなことができるのか、その理由を尋ねてみました。

「さあ、どうなんでしょうね。みんなのほうから、お客様を立って迎えたいといい出して。現場のお店では、スタッフが元気な挨拶でお客様を迎えている。それなのに、本社にいる私たちが、お客様が来られたのに座ったままでいいのだろうか、と話し合ったそうです。仕事が途切れになってしまうから、そこまでする必要はないいんじゃないか。私はそういっているんですが……」

この会社の挨拶こそ、まさに当事者意識の表れです。

少し前の話になりますが、テレビでみた、日本電産の永守社長のインタビューが強く印象に残りました。日本電産といえば、M＆Aに積極的で、赤字の企業をいくつも買収しては短期間のうちに黒字転換させる。そんな経営手法がよく知られている企業です。そのインタビューでは、永守社長に、赤字の企業を黒字に転換させる秘訣を尋ねていました。
正確な言葉までは覚えていないのですが、永守社長は次のような趣旨で、回答されていたと記憶しています。

赤字の企業というのは、ほとんどの場合、社員の士気が低下している。工場に行くと、整理整頓も掃除もされず、散らかったままだ。そうした社員の気持ちを、少しでも「会社のために頑張ろう」という気持ちに変えていく。たとえば、購買の担当者には、いままでは漫然と行っていた仕入れを、一円でも安く、少しでもよい物を仕入れよう、そんな気持ちにさせる。営業の担当者にも、一円でも多く売るために努力しよう、そういう意欲をもたせる。会社の決算というのは、そうした一人ひとりの努力が積み上げられたもの。一人ひとりの意識の変化、それを積み上げていけば、赤字の企業だって、黒字を出せるようになるのです。

「気持ちのよい挨拶に迎えられる」ことが元気な中小企業の共通点である。そのことに気づいたときに、この永守社長のお話を思い出しました。
ほかにはないユニークな製品やサービス、その特徴を支える知的財産の存在をきっかけにして、私たちはこうした中小企業をインタビューで訪問してきました。けれども、これらの企業の本当の強さの源は、製品でも知的財産でもなく、そうした社員の意識にあるのではないだろうか。社員が強い当事者意識をもって仕事をしているから、よい製品、よいサービスが生まれ、それがしっかりと顧客や関係者に伝わっているのではないか。多くの社員が「会社のために」と思って頑張るからこそ、人の力が結集して、会社の大きなパワーになっていくのではないか。

5 ファンがふえ、応援団がふえる

では、説明がうまく、気持ちのよい挨拶ができる企業には、どのようなことが起こるでしょうか。

説明がうまいということは、企業やその製品、サービスへの理解者がふえ、企業やその製品、サービスが広く世の中に伝わっていく力になります。

気持ちのよい挨拶に迎えられると、またあの会社を訪ねよう、あの会社なら安心して自分の知り合いにも紹介できる、何かあるとよくあの会社のことを思い出す、といったかたちで、人のつながりがどんどん広がっていきます。

そして、その企業のことを知り、その企業が提供する製品やサービスを購入したいと思う、企業のファン、製品やサービスのファンがふえていきます。

それだけではありません。何か手伝えることがあれば自分もその企業の力になりたい、自分がお気に入りのこの製品やサービスを、もっと多くの人たちに広めていくのを手伝いたい。そういった応援団もふえていくことになります。

このようにして、ファンがふえ、応援団がふえた企業は、たとえ社員の数は一〇人、二〇人であっても、人のつながりが一〇〇人、二〇〇人と広がり、さらに多くの人の力を得ることになっていくでしょう。顧客や販売代理店、協力会社、取引銀行といった目にみえるつながりはもちろんのこと、「うちの地元にはおもしろい会社がある」と話題にする地域の人たちだって、広い意味では立派な応援団の一員です。

逆に、説明が下手で、挨拶もちゃんとできない企業だと、ファンも、応援団もなかなかふえません。周囲の人を引き付けることも、そのパワーを生かすこともできません。そればかりではなく、一〇人、二〇人という社員の力ですら、十分に引き出せないということになってしまいかねないのです。

その違いをイメージしやすいように、こんなたとえで考えてみましょう。

二つのタイプの企業の様子を、赤外線カメラを使って写してみたとします。サーモグラフィーにすると熱をもった部分が明るく写り、暗闇だとみえない物も写し出してしまう、そんな機能を備えた赤外線カメラです。

さて、そこにはどのような画像が現れてくるでしょうか。

まずは説明がうまく、気持ちのよい挨拶ができる企業から。そこには、元気に働く社員の熱さが鮮明に写っています。それだけではありません。社員の向こう側に、その企業を応援している多くの人の姿までもが、クッキリと写し出されているのです。

では、もう一方の企業はどうでしょうか。説明が上手でなく、挨拶も十分にできない企業を写すと、どうなっているでしょうか。社員の向こう側には、もちろん人の姿は写っていません。それだけでなく、そこにいるはずの社員ですら、十分な熱を発していないので鮮明には写っていない状態です。

これを筆者は、「(中小企業の元気を測る) 赤外線理論」と勝手に名づけていますが、両者の違いはそんなイメージです。

中小企業とは、規模が「中小」であること、つまり社員数が少ないから中小企業であるわけですが、数字に表れる社員数だけで、実際のパワーを測ることはできません。社員数が同じ一〇名の中小企業であっても、その一〇名の力がフルに引き出されているかどうかで、会社のもつパワーはまったく違ってきます。さらに、社員数には数えられていないどれだけの人たちがその企業のために動いているかによって、その企業を支えている実人数、その企業が備えているパワーは、もっと大きく違ってくるのです。

筆者が訪問した中小企業の一つに、光ディスクの自動修復装置を世界三七カ国に販売して圧倒的な市場シェアを誇るなど、鹿児島から世界を相手にビジネスを展開する、株式会社エルムがあります。

同社の本社がある鹿児島県南さつま市には、鉄道の駅がなく、鹿児島空港からも車で一時間半程度を要します。決して便利とはいえない場所です。それにもかかわらず、二〇一〇年に開かれた新社屋落成・三〇周年の記念式典には、鹿児島のさまざまな業界の企業や行政機関の関係者が南さつま市の新社屋に集まり、おおいに盛り上がりました。

図表1－1－3　上空からみた㈱エルムの新社屋

出席者は、異口同音にこう述べられます。「エルムに期待している」「エルムに頑張ってほしい」。

地域をあげて同社を応援している様子が、ひしひしと伝わってきたことを思い出します。

エルムの従業員数は五〇名弱です。ところが、エルムという会社のもつパワーの源は、その人数だけにはとどまりません。販売代理店や協力会社などのパートナー、自治体や金融機関などの支援者など、おそらく社外にいるエルムの応援団は、その一桁、いや二桁くらい違う人数になっているのではないでしょうか。

もう一つ、筆者のこれまでの経験からの話です。

インタビューに訪問する中小企業は、最寄り駅からかなり離れていて、タクシーを使わなければならないということが少なくありません。そうした場合に、タクシーの運転手に会社名を伝えると、すぐに「ああ、○○さんね」という答えが返ってきて、地図や住所を示すまでもなく、現地に到着できることがほとんどなのです。企業の規模は小さくても、それだけ地域において存在感があることの証しといえるでしょう。

会社の内部の力だけでなく、周囲の力、地域の力も引き寄せることができれば、より大きなパワーを発揮することが可能になります。そうした力が、規模の小さい企業であっても、規模以上の存在感があり、元気に活動していることの大きな要因となっているのです。

「説明力」と「挨拶力」が人の力を引き出し、人を引き寄せて、大きなパワーとなって会社に元気を与えているのです。

表面的な社員数だけをみていても、中小企業の実態を十分に把握することはできません。赤外線カメラを通してみるようなつもりで、皆様の会社、あるいは皆様がご存じの中小企業をもう一度見直してみると、どのようにみえるでしょうか。

6 元気の背景に知的財産あり

元気な中小企業には、ほとんど例外なくみられます。説明がうまく、気持ちのよい挨拶に迎えられるという共通点。「知的財産」という切り口でフィルタリングされた中小企業を訪問するうちに、筆者はこの共通点に気づくようになりました。

「知的財産」という切り口から元気な中小企業をフィルタリングしてみると、説明がうまく、気持ちのよい挨拶に迎えられるという共通点に行きついた。

これは、単なる偶然にすぎないのでしょうか。

それとも、知的財産マネジメントに力を入れていることが、説明のうまさや気持ちのよい挨拶に、何か関係しているのでしょうか。

もちろん、関係がある、というのが本書の結論です。

知的財産を意識することが、「説明のうまさ」に結びつく。

知的財産の存在が、「気持ちのよい挨拶」を引き出す。

そのメカニズムを理解するために、知的財産のはたらき、知的財産が備えている力、知的財産をマネジメントすることの意義について、説明を進めていくことにしましょう。

第2章

中小企業の元気を育む知的財産

1 知的財産って何？

ここからは、知的財産の話を進めていきます。

「当社の保有する知的財産は……」

「知的財産を積極的に活用して……」

「知的財産」というと、やや専門的でむずかしそうなイメージをもたれるかもしれませんが、いまではビジネスパーソンの間で普通に使われる用語の一つになっています。

ところが、よく使われるようになった用語であるにもかかわらず、いざ説明してみようとするとなかなかとらえにくいのが、この「知的財産」という概念です。試しに、周囲の人たちに「知的財産って、何ですか」と質問してみましょう。この用語を正確に説明できる人は、実はあまり多くありません。

「不動産って、何ですか」と尋ねれば、「土地や建物のことだ」と多くの人が同じような答えをするでしょう。ところが、知的財産だとどうでしょうか。「特許や商標のことだ」と答える人が多いようにも思えますが、「技術やデザイン、ブランド」「アニメや音楽のようなコンテンツ」「目にみえないが価値のある財産」などなど……そのほかにもさまざまな答えが返ってくることが予想されます。
説明しようとすると意外にむずかしい。それが「知的財産」です。話題の対象となっている「知的財産」の意味を、人によってバラバラにとらえていたのでは、ここから後の話の理解もバラバラになってしまいます。まずは読者の皆様と共有しておきましょう。「知的財産」とは何か。その定義についての意識あわせから。

図表1－2－1　「知的財産」のとらえ方～その1

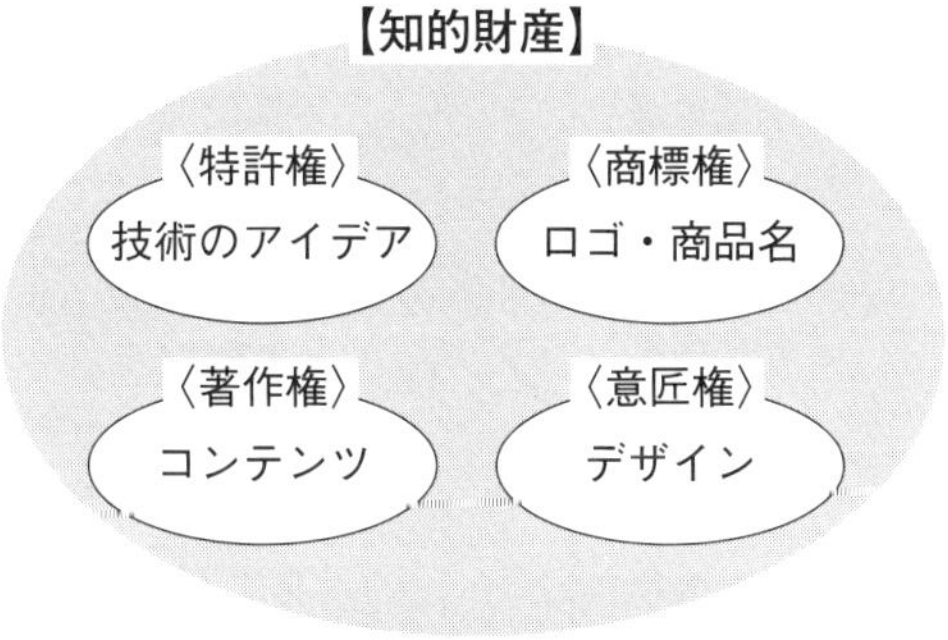

筆者は日頃からさまざまな立場の方と知的財産に関する議論をする機会がありますが、「知的財産」という言葉の意味について、大きく分けると二つのパターンのとらえ方があるようです。

一つ目は、

「知的財産とは、技術、ブランドなどの無形の資産のことである」

というとらえ方です（図表1－2－1）。

このとらえ方によると、知的財産とは、特許権や意匠権、商標権のような知的財産権で保護される財産のみを指すものではありません。企業活動において、初めに存在し

図表1－2－2　知的財産のとらえ方～その2

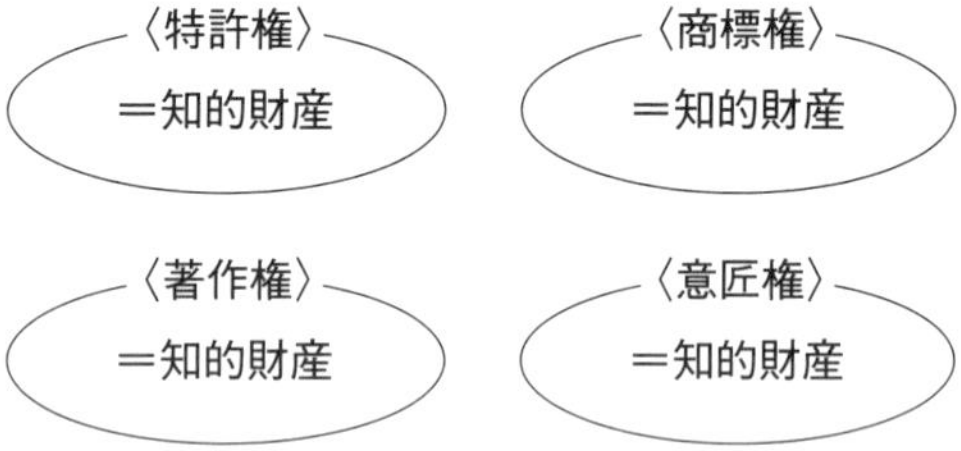

ているのは「知的財産」。そして、その知的財産を保護するために取得するのが、特許権や意匠権、商標権といった「知的財産権」。両者はそういう関係に整理されます。つまり、「知的財産」が先にあって、それを「知的財産権」でどのように保護するか。それが知的財産マネジメントの役割ということになります。

もう一つは、

「知的財産とは、特許権などの知的財産権によって保護された財産のことである」

というとらえ方です（図表1－2－2）。

このとらえ方によると、知的財産を保有するためには、まず特許権や商標権などの知的財産権を取得しなければならない、ということになります。「財産」というからには、その範囲が明確で、独占的に使える権限が確保されていなければならない。そういう意味では、このようなとらえ方も、もっともであるように思えます。ところが、このとらえ方では、「知的財産」と「知的財産権」の関係が、先ほどとは異なります。「知的財産権」を取得してはじめて「知的財産」となるのであって、先ほどとは順序が逆です。つまり、「知的財産権」が先、その知的財産権で保護される「知的財産」をどのように活用するか。それが知的財産マネジメントの役割ということになります。

二つのとらえ方の違い、おわかりいただけましたでしょうか。

読者の皆様は、「知的財産」をどちらのイメージでとらえていたでしょうか？

この両者が違うということは、次のような例を考えるとわかりやすくなります。

ある大手メーカーの協力会社である中小企業。そんな企業をイメージしてみてください。この中小企業は、発注元の大手メーカーにはない独自の加工技術を有していることから、大手メーカーからのさまざまなリクエストを受けて、特殊な部品を開発している。大手メーカーにとっては、とても頼りになる存在です。ところが開発した部品は、その大手メーカーからの発注にあわせて、すべてその大手メーカーに納品しています。だから、あえて特許を出願することもなければ、製品についているのは型番だけなので、商標登録をすることもありません。

さて、この中小企業。「知的財産」が存在している、といえるのでしょうか。

前者のとらえ方であれば、答えは「イエス」です。大手メーカーにはできないことができる、優れた技術力を有しているのだから、知的財産が存在している。そういう結論になります。

ところが後者のとらえ方によると、答えは「ノー」です。特許権も商標権も保有していないから、知的財産は存在しない。まったく逆の結論になってしまうのです。

知的財産に関するセミナーを筆者が担当する際、出だしはいつも同じパターンです。「知的財産をどちらの意味でとらえるか」という意識あわせから入ることにしています。参加者の皆様はどちらのイメージで知的財産をとらえていますか? そう質問して挙手いただくと、だいたい半々くらいといったケースが少なくありません。これはなんとも困った状況です。とらえ方が異なるままで知的財産の話を進めたとしても、人によって対象のイメージが異なるのだから、話がちぐはぐになってしまうのは避けられないからです。

最近は、前者のとらえ方が多くなっているように感じますが、この傾向には、おそらく二〇〇二年に施行された知的財産基本法の影響もあるでしょう。この法律は、低迷する日本経済再生の鍵として知的財産への注目が集まり、「知的財産立国」ということがいわれ始めた頃に制定されたものです。そのなかで、「知的財産」は次のように定義されています。

「発明、考案、植物の新品種、意匠、著作物その他の人間の創造的活動により生み出されるもの、商標、商号その他事業活動に用いられる商品又は役務を表示するもの及び営業秘密その他の事業活動に有用な技術上又は営業上の情報」(同法第二条第一項)

知的財産をどのようにとらえるかについて、必ずしも法律どおりでなければならないというものではありません。当事者間でのコンセンサスがあって、話が通じれば基本的には問題ないのですが、本書では法律に定められた定義に従って、「知的財産」をとらえることにしましょう。

法律上の定義は、一読しただけでは非常にわかりにくいですね。はっきりしているのは、特許権、商標権、著作権といった権利を羅列して、そうした権利が知的財産だ、といっているのではない、ということです。知的な創作物や、営業標識、事業活動に有用な情報、それが知的財産である、と定義しています。

要するに、先に説明した二つのパターンに照らすと、前者のとらえ方に近いといえます。すなわち、「知的財産とは、技術、ブランドなどの無形の資産のことである」という定義です。知的財産というのは、後者のとらえ方のように、特許権や商標権などの権利で保護されることを前提にした財産ではなく、もっと広い概念です。

ただし、無形の資産をなんでも知的財産に含めているわけではありません。その対象は知的な創作物や営業標識、事業に有用な情報という、なんらかの保護制度が設けられた財産に限定されています。たとえば、企業文化や人材、顧客基盤といったものも企業にとっては重要な無形の資産ですが、こうした財産は知的財産には含まれていません。このように、無形の資産のなかでも「知的財産」と定義された財産は、これらを保護する知的財産制度が設けられていることが、他の無形の資産とは異なる特徴となっています。

2 知的財産制度のアウトライン

ちょっと堅苦しい話になりますが、知的財産を保護する知的財産制度について簡単に説明しておくことにしましょう。本書は知的財産制度の解説を目的にするものではないため、大枠の説明のみにとどめますので、制度の詳細については他の解説書をご参照ください。

先に説明した定義にあるとおり、知的な創作物や営業標識、事業に有用な情報が、知的財産に当たるものです。このうち、技術的なアイデア（発明・考案）は特許権や実用新案権、工業デザイン（意匠）は意匠権、植物の新品種は育成者権、小説や論文、映画、音楽などの著作物は著作権による保護を受けることができます。営業標識として用いられる商品名やロゴマーク（商標）は、商標権による保護を受けることができます。

ここにあげた特許権、実用新案権、育成者権、意匠権、著作権、商標権が、知的財産権と呼ばれる権利です（図表1―2―3）。知的財産権の権利者には独占的な保護が与えられ、知的財産権によって保護されている知的財産を侵害する行為（発明の実施や著作物の複製、商標の使用など）に対しては、差止めや損害賠償を請求することができます。

知的財産権のうち、特許権、実用新案権、意匠権、商標権をあわせて、産業財産権と呼ぶことがあります。産業財産権を取得するためには、所定の書類をそろえて、特許庁に出願することが必要です。特許庁では、出願内容を審査して、各々について定められた要件を満たすことが確認されたうえで、登録を受けることによって権利が発生する制度になっています（実用新案権のみは実体要件を審査しない無審査登録制度を採用しています）。育成者権は、出願する官庁が農林水産省になりますが、おおむね特許に似た制度で登録を受けることによって権利が発生します。

図表1－2－3　知的財産権の種類

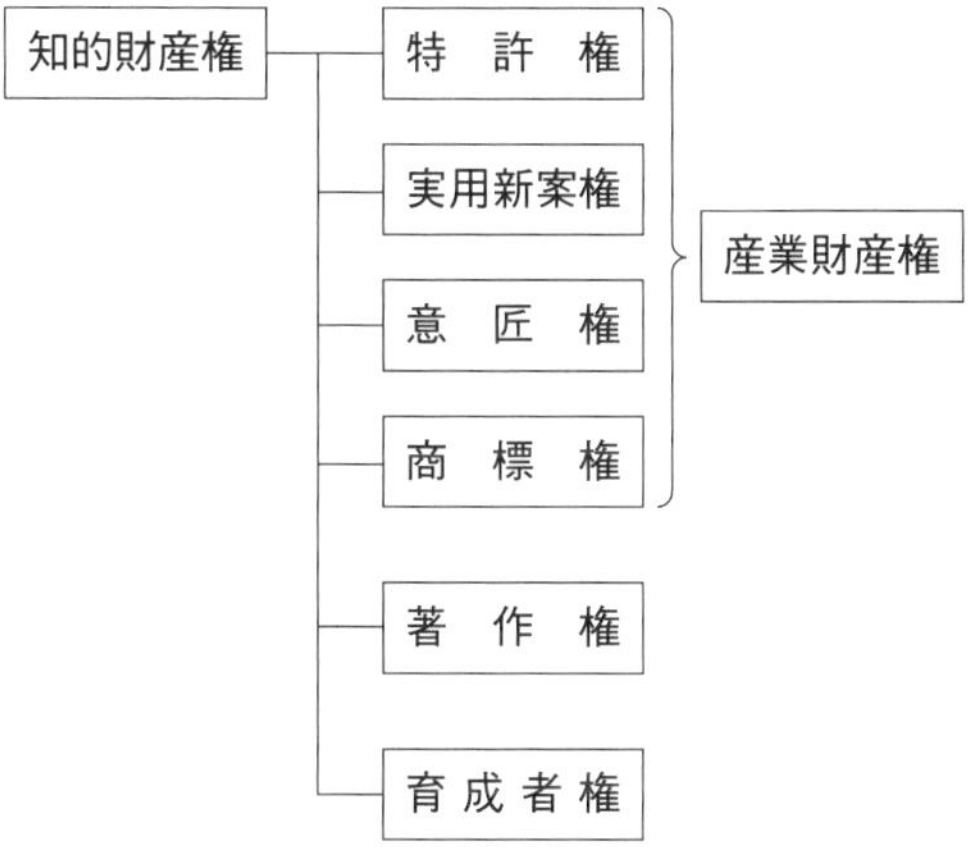

　一方、このなかで著作権だけは、制度のアウトラインが異なっています。著作物を創作することによって権利が発生し、産業財産権のように出願や登録を必要とするものではありません。ただし、ライセンスや譲渡などで他人との関係が生じる際には、登録の有無は別にしても、契約などでその範囲を明確にすることが求められます。

　こうした知的財産権のほかに、知的財産の保護において、もう一つ重要な法律があります。不正競争防止法です。不正競争防止法というのは、事業者間の公正な競争の確保を目的に定められた法

図表1－2－4　知的財産を保護する2つの手段

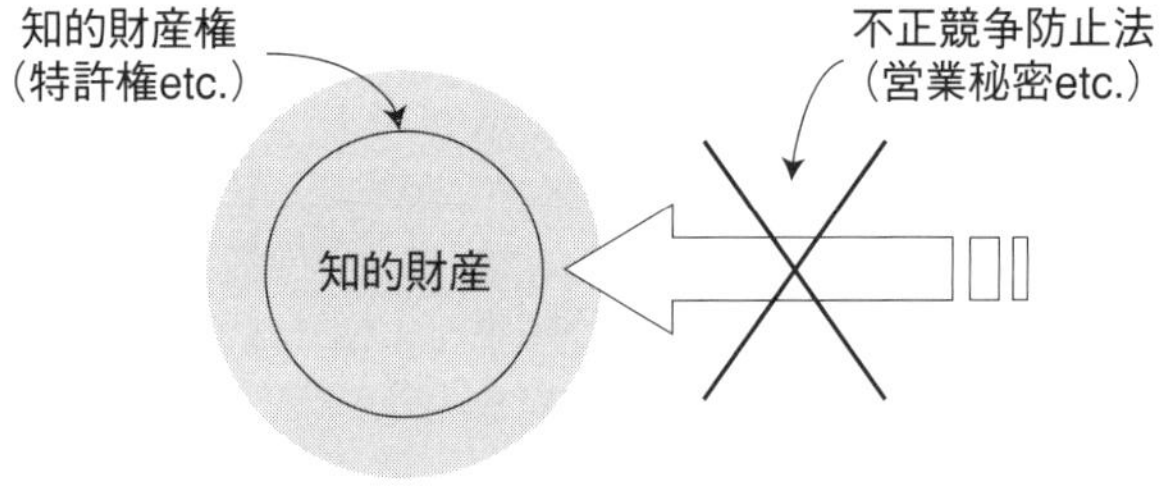

律ですが、ノウハウなどの技術情報、顧客リストなどの営業情報といった知的財産も、保護の対象とされています。

たとえば、これまでにない新しい製造技術を発明した場合、その製造技術について保護を受けたいならば、特許を出願することが思い浮かぶでしょう。ところが特許を出願すると、出願書類が公開特許公報というかたちで出願日から原則一年半後に公開されるので、技術内容がオープンになってしまうという問題があります。特許権を取得することができたとしても、存続期間が最長で出願日から原則二〇年と定められているため、特許権が消滅した後には、だれもがその製造技術を自由に使えることになってしまいます。つまり、その製造技術を秘密にしておけばだれにもまねされないと予想される場合には、特許を出願するより、社内で秘密情報として管理しておくほうが、長期的にその製造技術を自社だけで独占できる可能性があるということなのです。

こうしたケースでは、単にその製造技術を公開しないというだけでは十分ではありません。その製造技術を文章化、あるいは数値化することによって特定し、営業秘密（ノウハウ）として一定の要件を満たすように管理すれば、不正競争防止法によって保護を受けることができます。具体的には、そのように秘密管理している情報を不正に持ち出すような行為に対して、差止めや損害賠償を請求することが可能になるのです。

このように、発明や意匠、商標、著作物、技術情報や営業情報といった知的財産は、独占的な権利である知的財産権による保護だけでなく、営業秘密として管理することによって保護を受けられる場合もあります（図表1―2―4）。

いずれにしても、無形の資産である知的財産がどういうものなのか、その範囲がどこからどこまでなのかがあいまいな状態では、保護の対象になりません。知的財産を自らの財産としてマネジメントするためには、特許庁への出願、ライセンス先との契約、営業秘密としての管理などを行うために、対象となる知的財産を文章や図面、数値などで明確に特定することが前提になるのです。

3　知的財産の特徴

知的財産の定義に話を戻しましょう。

知的財産とは、特許権や意匠権、商標権といった知的財産権によって保護された財産に限られるものではありません。知的な創作物や営業標識、事業に有用な情報といった、より広い概念です。

特許権や意匠権と聞くと、むずかしい書類や手続を想像して、「中小企業にはハードルが高い」と考えてしまうことが多いかもしれません。そして、知的財産を特許権などの知的財産に限って考えると、「知的財産なんて中小企業には縁のないもの」という結論に陥ってしまいがちです。特許なんてむずかしいこと、うちの会社には関係ないよ、となってしまい、中小企業向けの知的財産セミナーに人が集まらない、といったこともしばしばです。

しかし、知的財産というものをより広い概念でとらえ直してみると、実は、中小企業の日頃の事業活動でも、さまざまな知的財産が生み出されていることに気づきます。

いまある製品をさらによいものにするために、少し技術的な工夫を加えてみた。お客様に製品を使うのを楽しんでもらえるように、デザインにも少しこだわってみた。うちの会社の名前や製品の名前が、お客様の間でも知られるようになってきた。こうした状況のなかでは、それを意識しているか、意識していないかにかかわらず、そこには新しい知的財産が生まれていることになるのです。

自社の製品やサービスをよりよいものにするために、さまざまな工夫を重ねている。そういった中小企業であれば、必ずなんらかの知的財産が存在しているはずです。知的財産とは、本来、中小企業にそれほど縁遠いものではないのです。

では、企業はどうして知的財産を生もうとするのでしょうか。新たな知的な創作物や事業に有用な情報をつくりだす、自らの営業標識を顧客に認知させようとする、どうしてそうしようと努めるのでしょうか。

こうした知的財産は、いずれもその企業が、自社の提供する製品やサービスをよりよいものにしよう、他社が提供する製品やサービスより優れたものにしようと努力した結果の表れです。逆にみると、新しく提供される製品やサービスがこれまでの製品やサービスと異なる部分、自社が提供する製品やサービスの特徴となる部分にこそ、知的財産が存在しているともいえるでしょう。

知的財産とは、自社が提供する製品やサービスの特徴に結びつくものであること、これが知的財産について確認しておきたい第一の特徴です。

そしてもう一つの特徴として、先に説明したように、知的財産には特許権などの知的財産権による保護、不正競争防止法による保護といった、知的財産を保護するための知的財産制度が設けられていることがあげられます。同じ無形の資産であっても、企業文化、人材、顧客基盤といった資産には、こうした保護制度が設けられていません。

適切な管理を行えば法律による保護を受けることができる、これが知的財産について確認しておきたい第二の特徴です。

4 知的財産マネジメントとは

繰り返しになりますが、知的財産は、自社の製品やサービスをよりよいものにしようと工夫する過程で生まれているものです。特許権などの知的財産権を取得していなければならない、というものではありません。つまり、自社の製品やサービスをよりよいものにしようと、さまざまな工夫を凝らしている中小企業には、特許権や商標権というかたちになっていなくても、なんらかの知的財産が存在しているはずです。

そのように考えると、実は、私たちが思っている以上の多くの中小企業に、知的財産が存在していることが理解できるのではないでしょうか。

ところが多くの中小企業には、そうした工夫による成果が知的財産である、ということが意識されていません。

知的財産は、先ほど確認したとおり、企業が提供する製品やサービスの特徴に結びつくものであるとともに、知的財産制度によって保護されるものでもあります。そうした特徴を知的財産であると意識して、知的財産制度を効果的に利用すれば、製品やサービスの特徴をより有効に生かす可能性が広がるかもしれない、ということなのです。

では、自社の製品やサービスにさまざまな工夫をする過程で生まれた成果、たとえば技術的なアイデアやデザインを「知的財産」と意識することによって、いったい何が違ってくるのでしょうか。

「知的財産」を意識的にマネジメントしている企業では、具体的にどういうことが行われているのか。特許や意匠、商標などの出願、営業秘密の管理、アイデアの提案制度や報奨制度の運用、取得した権利の行使やライセンスといった活動、大企業であれば知的財産部門の担当となるような活動が、それに該当します。なんだかむずかしそうですね。一つひとつをみると、いずれも専門的な知識が必要なものばかりですが、ここでは「木をみずに森をみる」。その骨格を確認することにしましょう。知的財産マネジメントとして行われている活動を単純化し、その骨格を整理してみてみると、次のように、大きく三つのステップに分けることができます。

(1) 知的財産を「つくる」

知的財産マネジメントを行うには、まずはマネジメントの対象となる知的財産をつくりだすことが必要です（図表1－2－5）。

図表1－2－5　知的財産を「つくる」

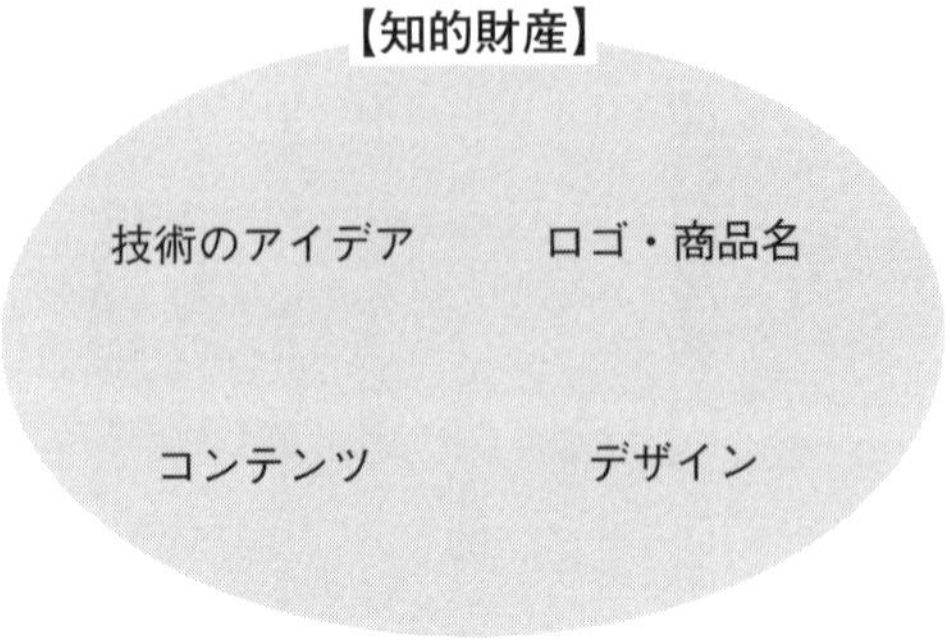

ところが、「知的財産」の意味を先に説明したようにとらえるならば、このプロセスは何も特別なことではありません。製品やサービスにさまざまな工夫をする過程で生まれた成果が知的財産なのだから、自社の製品やサービスを少しでもよいものにしたいと努力している企業であれば、新しい製品やサービスの開発、既存の製品やサービスの改良の過程で、なんらかの知的財産をつくりだしているはずです。このように考えると、かなり多くの中小企業において知的財産がつくられている、とみて間違いないのではないでしょうか。

ちなみに、全国で約四三〇万社程度ある中小企業のうち、特許権などの産業財産権を一年に一件でも出願する中小企業は、おそらく一％にも満たないのではないかと推測されます。ここで「知的財産」の意味を、「特許権などの知的財産権によって保護された財産」と狭くとらえると、知的財産に関係する中小企業は、全体のごく一部に限られることになってしまいます。そういった一部の企業だけでなく、自社の製品やサービスにさまざまな工夫を凝らしている中小企業には、なんらかの知的財産が存在している。そのような前提で、ここからの話を進めていくことにしましょう。

知的財産をこのように広い意味でとらえると、製品やサービスにさまざまな工夫を凝らしている中小企業、考える中小企業には、なんらかの知的財産が生み出されているはずです。ところが、こうした中小企業の多くは、知的財産をつくり、それが知的財産であると特に意識することもなく、その知的財産が生かされた製品やサービスで売上げがあがればそれでよし。そうなってしまっているのではないでしょうか。

もちろん、そうした工夫の成果が顧客のニーズに合致すれば、顧客はその製品を購入しよう、サービスを利用しようとするはずだから、売上げに結びつくはずです。しかし、知的財産をつくって売る、ただそのサイクルを繰り返すだけでは、企業は絶えず新しい製品やサービスを提供し続けないと、生き残っていくことができません。

一方の「知的財産」を意識的にマネジメントしている企業。知的財産をつくって売る、というだけではありません。つくりだした知的財産に「かたちをつけ」「外部にはたらかせる」というプロセスを経ることによって、さまざまな効果を生じさせているのです。

(2) 知的財産に「かたちをつける」

知的財産マネジメントというと、非常にむずかしいことを行っているように聞こえるかもしれません。しかし、そのプロセスを単純化してみると、知的財産をつくりだした後に、いまから説明する二つの作業を行っていると考えることができます。

一つは、つくりだした知的財産に「かたちをつける」こと、もう一つは、かたちをつけた知的財産を「外部にはたらかせる」ことです。前者は、特許や意匠を出願すること、ノウハウをマニュアル化して管理することを、後者は、特許権の行使やライセンスをイメージしてみてください。この二つのプロセスが存在するか否か、それが知的財産マネジメントを行っている中小企業と、行っていない中小企業の違いです。

「知的財産」を意識的にマネジメントしている中小企業は、知的財産を「つくる」だけではありません。つくりだした知的財産に、「かたちをつける」ための作業を行っています。特許を出願するのであれば、出願書類に文章や図面で発明の内容を詳しく説明して、特許を求める対象を特定します。意匠を出願するのであれば、図面や写真を用いて、対象となるデザインを特定します。商標を出願する場合も、対象となる商標と商品やサービスの範囲を、出願書類に特定します。ノウハウを管理する際には、ノウハウの内容を文章や数値、図表などで特定します。

このように、技術開発やデザイン開発などによって得られた創作物や情報、事業において用いる営業標識などを、どこまでが財産なのかをあいまいな状態のままに置いておくのではなく、知的財産権や営業秘密としてクッキリとかたちをつけること。これが、知的財産に「かたちをつける」ステップで行っていることです（図表1―2―6）。
そして、ここで強調しておきたい知的財産マネジメントに関する第一のポイントは、
「かたちをつけることにも意味がある」
ということです。

図表1－2－6　知的財産に「かたちをつける」

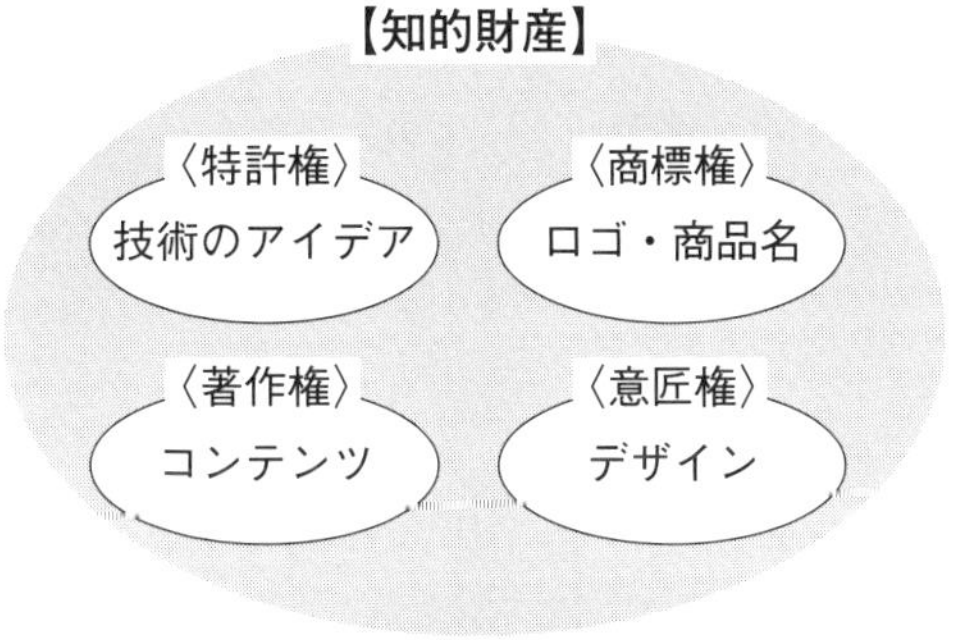

読者の皆様のなかには、知的財産を保有しているというだけでは意味がない。知的財産というのは、権利を行使したり、ライセンスしたり、活用してなんぼのものだ。そのように考えている方もおられるかと思います。活用してなんぼのものなのに、お金も人も不足している中小企業には、訴訟やライセンス交渉などをやっている余裕がない。だから、中小企業が特許権のような権利を取得したとしても、宝の持ち腐れで活用できずに終わってしまうだけだ。

しかし、こうした考え方は、知的財産の一面をみたものにすぎません。

具体的な中小企業の例は次章において説明しますが、「かたちをつけることにも意味がある」、これはとても重要

なポイントです。

たとえば、次のような例を考えてみることにしましょう。

図表1－2－7は、鉛筆の断面を描いたものです。いま、世の中に存在するすべての鉛筆が、図表1－2－7の左側に示したように、断面が円であったと仮定してみてください。

断面が円だとどのような問題が生じるでしょうか。

実際に現在も断面が円であることが多い、赤鉛筆を想像してみるとよいでしょう。机の上に置いたときに、転がり落ちてしまいますね。床に落ちたときに芯が折れ、また削り直さなければならない。それを繰り返しているうちに、すぐに鉛筆が短くなってしまう。これはなんとも困った問題です。

図表1－2－7

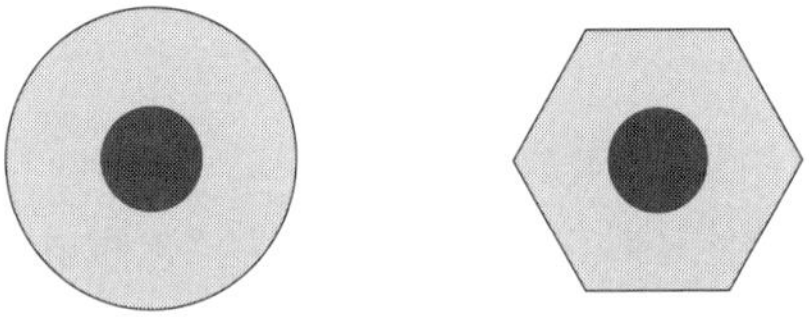

そこで、ある中小企業が、図表1－2－7の右側に示したように、鉛筆の断面を六角形にするというアイデアを思いついたとしましょう。これによって、床の上から転がり落ちやすいという問題は、かなりの程度解消されるはずです。断面が六角形の鉛筆を発売すれば、大ヒットすることは間違いありません。
このようにして、これまでの製品が抱えていた問題を解決する新しいアイデアを新製品というかたちにすることが、売上げを生む原動力になります。厳しい競争を生き抜いている中小企業で

あれば、どのようなかたちであれ、こうした工夫を日々繰り返して、自社の製品やサービスをよりよいものにする努力をしていることでしょう。

ところが、こうした工大の成果で売上げが上がるようになったとしても、売れれば売れるほど、ライバル企業が同じような製品を発売する可能性が高まります。そこで、知的財産を保護するという発想がある企業であれば、特許をとって模倣を防ごう、と考えることになるはずです。

特許権を取得するためには、どうすればよいか。新しく開発した製品の現物や図面を、特許庁に提出すればよい、というものではありません。それがどのようなアイデアで、どのような発明について特許権を取得したいのか、発明を文章で特定することが求められます。

では、先ほどのアイデアについて特許権を取得したい場合、このアイデアをどのように表現すれば、発明を特定することができるでしょうか。

——うまく特定できましたか?

「断面が六角形の鉛筆」

新しい製品の現物をそのまま表現すると、このように特定されるでしょう。

ところが、「断面が六角形の鉛筆」という特許権を取得したとすると、困った問題が起こる可能性があります。ライバル企業は、図表1―2―8のような鉛筆を発売し、対抗してくるかもしれません。断面が五角形や八角形の鉛筆です。五角形や八角形であれば、「断面が六角形の鉛

図表1－2－8

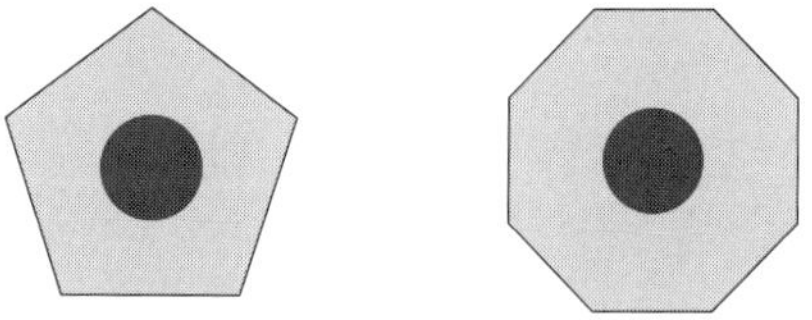

図表1－2－9

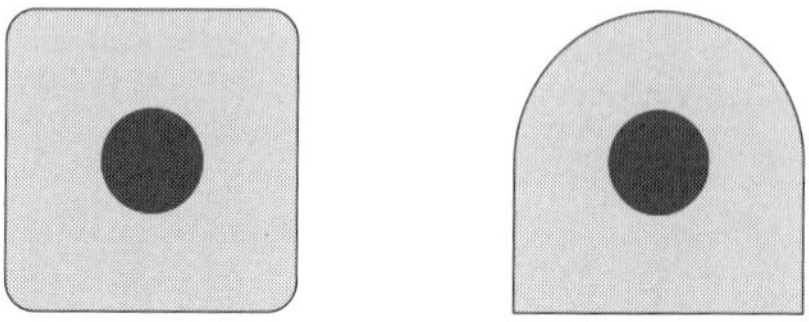

筆」ではないので、原則として特許権の侵害に該当しないことになるからです。

これでは特許権を取得する意味がなくなってしまいます。どうやってこういう事態を回避すればよいのか、さらに考えなければいけません。

——よい表現が見つかりましたか？

「断面が多角形の鉛筆」

こうすれば大丈夫そうです。断面が五角形や八角形の鉛筆を販売しても、多角形には違いないから、特許権の侵害に該当します。これで先ほどよりも、権利の範囲がグッと広がります。

ところが、特許制度に慣れたライバル企業は、簡単には諦めません。さらに知恵を絞ってくるので厄介です。図表1－2－9のような鉛筆だとどうなるでしょうか。

これでも鉛筆が机から転がり落ちない、同じ効果を得ることができますね。ところが断面は多角形でないので、特許権の侵害には該当しません。

どのような特許権を取得すれば、こうしたケースにも対応できるものだろうか……。

言い換えるならば、鉛筆が机から転がり落ちなくなる構造の本質は、どこにあるのでしょうか。

——おわかりになりましたか？

「断面の少なくとも一部が直線である鉛筆」

特許権の対象をこのように特定しておけば、図表1―2―9のような鉛筆にも対応できます。特許権の侵害だ、と主張することが可能になります。鉛筆が机から転がり落ちない理由の本質は、六角形だからということでも、多角形だからということでもなかったのですね。断面の一部に直線が含まれていると、その部分で回転が止まって鉛筆が転がらなくなるということ。そこが、転がり落ちない構造の本質だったのです。

特許権を取得するために、このようにしてアイデアを深掘りし、突き詰めて考えると、工夫したことの本質がみえるようになります。アイデアの本質である知的財産に、クッキリと「かたちをつける」ことができるのです。アイデアの「見える化」です。

このように知的財産に「かたちをつける」ことに、どのような意味があるのでしょうか。

知的財産に「かたちをつける」ことでアイデアの本質が「見える化」されると、みえてきたアイデアをほかにも応用することができないか、と考えることができるようになります。自分たちが考えたアイデアの本質がどこにあるのか。そこを正しく理解できれば、そのアイデアを適用できる他の用途を思いつく可能性が高まるのです。

たとえば、六角形の鉛筆を思いついたときに、この「かたちをつける」作業を行っていないと、六角形の鉛筆をつくって売る、事業の領域はそこだけにとどまってしまいます。ところが、「断面の一部を直線にすること」という本質を理解すれば、世界が広がります。鉛筆だけでなく、断面が円であるために転がってしまい困っているものがあれば、このアイデアを適用できるであろう。そのことに気づけるわけです。たとえば、箸の断面が円であるために、机の上に置いた箸を落として困っているのであれば、箸の断面の一部を直線にすればよい。断面が円である電信柱を資材置き場に積んでおくと、積み方のバランスが少し悪くなっただけで崩れてしまうことに困っているのであれば、電信柱の断面の一部も直線にすればよい。六角形の鉛筆という製品だけでなく、その製品が生まれたアイデアの本質を上位概念にさかのぼって理解すれば、今度はその思考を逆にたどってみる。その上位概念を適用できる製品を探していくことによって、アイデアを生かせる可能性がある領域を広げていくことができるのです。

新しく生み出されたアイデアである知的財産に「かたちをつける」作業を行わないと、事業の領域は六角形の鉛筆だけにとどまってしまいます。ここにこそ、知的財産に「かたちをつける」ことの意味があるのです。

権利の行使やライセンスといった段階にまで進まなくても、知的財産に「かたちをつけることにも意味がある」。その意味をイメージいただけましたでしょうか。詳しくは次章で、具体例をあげてみていくことにしましょう。

(3) 知的財産を「外部にはたらかせる」

「知的財産」を意識的にマネジメントしている中小企業では、つくりだした知的財産について、特許や意匠、商標の出願、営業秘密の管理といった「かたちをつける」ための作業を行っています。そして、かたちをつけた知的財産について、特許権などの知的財産権が発生すると、差止めや損害賠償を請求できるという法的な効力が生じます。適切に管理された営業秘密も、差止請求や損害賠償請求などの手段によって、法的な保護を受けることが可能になります。このような法的な効力を生かして、かたちをつけた知的財産に発生する力を他者に対してはたらかせること、これが、知的財産を「外部にはたらかせる」ステップで行っていることです（図表1－2－10）。

そして、ここで強調しておきたい知的財産マネジメント

図表1－2－10　知的財産を「外部にはたらかせる」

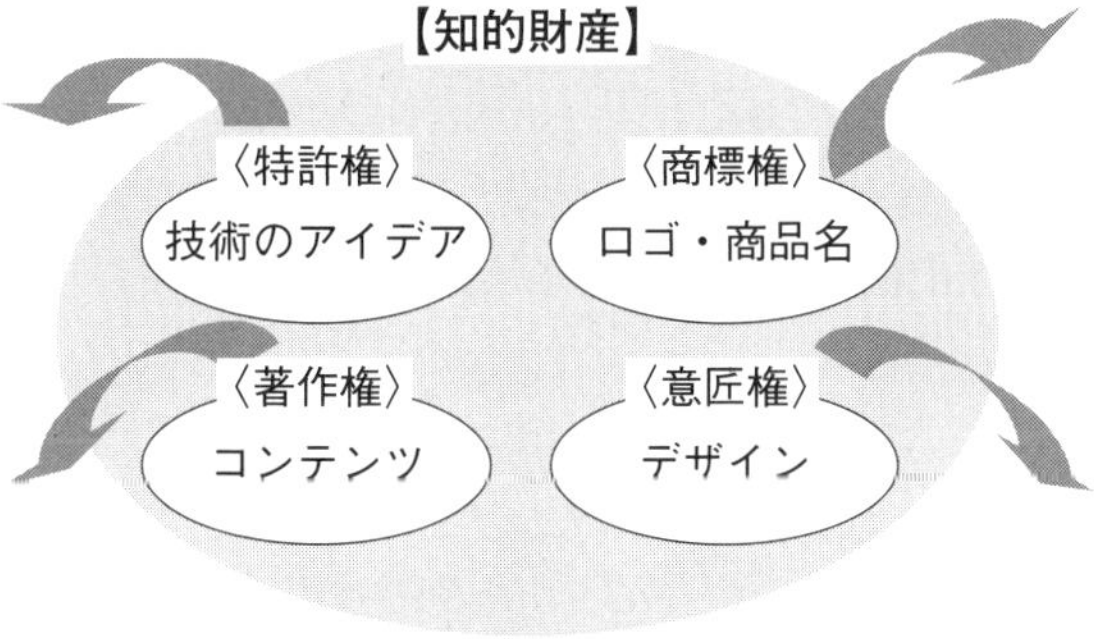

図表1－2－11　知的財産の力はさまざまな方向にはたらく

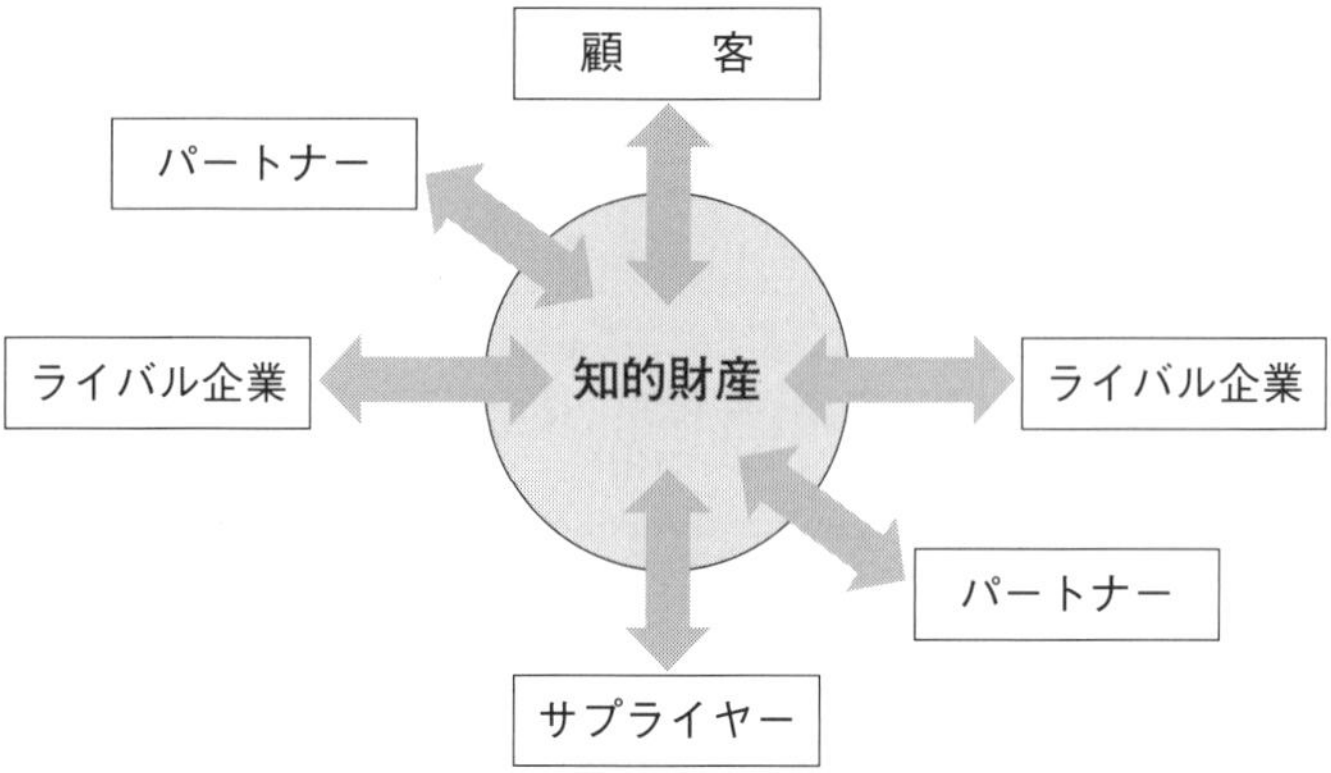

に関する第二のポイントは、

「知的財産の力はさまざまな方向にはたらく」

ということです。

読者の皆様のなかには、知的財産を活用するというのは、ライバル企業に権利を行使して自社の独占的な地位を確保することだ。つまり、知的財産の力は、ライバル企業に対してはたらかせるものだ、と考えておられる方が少なくないかもしれません。

しかし、こうした考え方もまた、知的財産の一面をみたものにすぎないのです。

ライバル企業以外のどのような方向に知的財産の力をはたらかせることができるのか、その具体例も次章でみていきますが、「知的財産の力はさまざまな方向にはたらく」、これもまた、とても重要なポイントです。

自社の競争力を高めるために、差止請求や損害賠償請求というかたちで、知的財産の力を横関係にあるライバル企業にはたらかせること、もちろんこれは知的財産に求められる重要な役割です。しかし、それだけではありません。サプライヤーなどの取引先に対して、取引の対象となる製品やサービスに関する重要な知的財産を保有していれば交渉が有利になります。つまり、知的財産の力を縦関係にある取引先に対してはたらかせることができます。また、自社に足りない要素を補うために知的財産をライセンスするといったケースでは、知的財産の力をパートナー企業にはたらかせることになります。知的財産の存在を示しながら、自社の製品やサービスの先進性や優位性をアピールするという場合は、知的財産の力を顧客にはたらかせることになります（図表1―2―11）。

横関係、すなわち競争関係にあるライバル企業だけでなく、知的財産の力が「さまざまな方向にはたらく」という意味をイメージいただけましたでしょうか。詳しくは次章でまた、具体例をあげてみていくことにしましょう。

5 知的財産の力はどのようにはたらくのか

自社の製品やサービスにさまざまな工夫をする過程で生まれた成果を、「知的財産」と意識している企業は、結局のところ何が違うのでしょうか。

知的財産マネジメントで何が行われているかについて、もう一度、振り返ってみることにしましょう。知的財産マネジメントの骨格を単純化してとらえると、

① 知的財産をつくる

② 知的財産にかたちをつける

③ 知的財産を外部にはたらかせる

という三つのステップに整理することができました。

このうち、第一のステップである知的財産をつくること、つまり、自社の製品やサービスにさまざまな工夫をすることは、おそらくほとんどの中小企業が行っているはずです。しかし、多くの中小企業は、できあがった製品やサービスを売ることだけに関心が向かってしまい、そこで「知的財産」が生まれていると意識することがありません。

もちろん、売ることは企業が生き残っていくために何よりも大切なことです。しかし、そこでもうひと踏ん張りして、「知的財産」に意識を向ける。そこから次のステップに進むことが、「知的財産」を意識している企業と、意識していない企業の違いです。

つまり、多くの中小企業でつくりだされているはずの知的財産について、第二のステップとして「かたちをつける」こと、そしてかたちのついた知的財産を、第三のステップとして「外部に

はたらかせる」こと。こうした活動を行っていることが、「知的財産」を意識している企業が、他の企業と異なる部分なのです。

では、こうした活動を行うことによって、どのような効果が生じるのでしょうか。

筆者がこれまでに接してきた中小企業の事例を整理してみると、こうした活動によって、少なくとも八種類の効果が生じると考えられます。知的財産には八つのはたらきがある、といってもよいでしょう。こうしたはたらきを、それぞれのステップに分けて列挙してみます。

まず、知的財産に「かたちをつける」段階で、

①　他との違いを「見える化」する

②　工夫の成果を企業の「財産」にする

③　創意工夫の促進により社内を「活性化」する

という効果を期待することができます。

さらに、知的財産を「外部にはたらかせる」段階で期待できる効果もあります。知的財産の力をはたらかせる方向によって、

④　ライバル企業の動きをコントロールする

⑤　取引先との交渉力を強化する

⑥　顧客にオリジナリティを伝える

⑦　パートナーとの関係をつなぐ
⑧　顧客の安心を保障する
という効果を期待することができるのです。

次章では、これらの知的財産の八つのはたらきについて、詳しくみていくことにしましょう。

第3章

知的財産の八つのはたらき

ここからは、知的財産に「かたちをつける」こと、かたちをつけた知的財産を「外部にはたらかせる」ことによって生じる効果、知的財産のはたらきを八つに分類して、具体例をあげながら説明していきます。

まず、「かたちをつける」ステップで生じる、三つのはたらきからみていくことにしましょう。

1 他との違いを「見える化」するはたらき

自社の提供する製品やサービスをこれまでよりもよいもの、他と違うものにしようと、日々さまざまな工夫を凝らしている企業には、なんらかの「知的財産」に当たるものが生まれているはずです。その成果が顧客のニーズをとらえたものであれば、製品やサービスが売上げに結びついていくことになりますが、ここで顧客の心をとらえたこれまでとの違い、他との違いは何だったのか。それが十分に意識されていないことが多いなかで、特許出願や営業秘密の管理といった知的財産に「かたちをつける」作業に取り組むと、その違いが文章や図表などによって、はっきりとかたちになって「見える化」されることになります。前章で説明した鉛筆の例であれば、特許出願をしようとする過程で、「断面の少なくとも一部が直線」という違いの本質が、明確に浮かび上がってきました。
この「見える化」がもたらす効果、経営上の意義について、株式会社ナベルの例を取り上げて説明します。

(1) 特許出願を通じて自らの強みを客観的に理解――株式会社ナベル

株式会社ナベルは三重県伊賀市に本社を置き、カメラ、医療用機器、レーザー加工機などの分野において、自社で開発したさまざまな蛇腹を提供しているメーカーです。

図表１－３－１　センサー付レーザー光路用蛇腹

同社は、一九七二（昭和四七）年にカメラ用蛇腹メーカーとして創業、事業を拡大してきました。二代目となる永井規夫社長が就任してから、カメラ用の蛇腹にとどまることなく、積極的な事業展開を始めます。自社の事業領域をカメラ用途に限定せず、「機能的カバー」とより広く定義をし直すことによって、医療用機器、レーザー加工機などの分野にも進出しました。いまでは新たに

進出した分野でも、圧倒的な市場シェアを占める存在になっています。

永井社長が就任、事業領域を拡大し、同社を成長に導く過程において、特許出願を中心とする知的財産マネジメントに力を入れるようになりました。

永井社長は、特許を出願する目的の一つについて、次のように話されています。

「特許を出願するということには、特許を出願した、特許権を取得した、という結果だけでなく、そのプロセスにも重要な意味があるのです。特許出願を通じて、自らの強みを客観的にとらえること。当社では、そのプロセスを、社員教育の一つとして重視しています。

特許を出願し、審査を受ける過程では、自らの発明とこれまでにあった技術のどこが違うのか、両者を比較して、その違いを明らかにする作業を行わなければなりません。このプロセスがとても大切ですね。他の技術との対比を通じて、自分が何を発明したのかということを客観的に理解することが可能になるからです。「新しい」と思い込んでいるだけではいけません。客観性が重要です。

自社の技術の特徴、強みを客観的に理解すること。それができていないと、顧客が抱えている課題に自社がどのように対応し、どういった提案をできるのかを考えることもできません。提案力のある企業として戦っていくためには、自らの強みをしっかりと理解しておくこと。それが必要なのです。当社が提案力のある企業として活動していくために、特許出願を通じた自己を客観化するプロセスは、とても重要なものと考えています」

このように同社にとっての特許出願は、権利を取得し、活用するということ以前に、同社が提案力のある企業として事業を展開していくうえで、重要な役割を担っているのです。

同社はカメラ用の蛇腹メーカーとして、顧客であるカメラメーカーからのさまざまなニーズに応えてきました。しかし、顧客のニーズを解決することに成功したとしても、それだけで満足はできません。開発した製品を顧客に納めるだけで満足していては、顧客からは使い勝手のよい下請けとみられてしまいかねないからです。

ナベルは、顧客のニーズに応えるというだけでなく、さらに積極的な提案ができる企業として活動していくことを志向しました。そのために、自社にどのような技術が生まれ、ストックされているのかを、客観的に把握しておくことが重要と考えたのです。そして、自社の技術を客観的に理解するための手段として、特許出願への取組みを強化することになった。これが、ナベルが特許に力を入れている大きな理由の一つです。

単なる下請けではなく、顧客に対して新しい製品を積極的に提案できるようにするにはどうすればよいか。下請けを脱したい、といっているだけでは始まりません。まずは自社が保有する技術の特徴を客観的に理解することが必要です。

自社が保有する技術のことがよくわかっていないとどうなるでしょうか。顧客がなんらかの課題に悩んでいて、実は自社の技術でそれを解決できる可能性があったとしても、そもそもうした技術が社内に存在していることを自覚できていなければ、提案などできるはずがありません。

特許出願のプロセスを重視してきたナベルはどうでしょうか。

ナベルでは、カメラ用蛇腹の開発で培ってきた技術を、特許出願のプロセスを通じて客観化することに努めてきました。自社にある技術を客観的に理解できているがゆえに、他の分野で抱えている悩みを耳にすれば、自社の技術で解決できるのでは、と気づくことができるのです。それゆえに、医療用器具、レーザー加工機などの分野で顧客が抱えている課題に対して、自社の技術を生かした新しい製品を提案し、開発することができた。自らの強みがよくわかっているから、自らを生かすべき場面に気づくことができる、ということなのです。

特許を出願する際には、先行技術を調査して自らの発明と対比し、これまでと異なる新しい技術要素を特定する作業を行います。さらに、審査の過程でも類似の技術が引用されると、その違いを特許庁の審査官に対して明らかにしなければなりません。

こうしたプロセスにおいて、自社の発明はこれまでの技術とどこが違うのか、発明の本質がどこにあるのかということを、深く考えることが必要になります。ナベルではこうしたプロセスが、自らの客観化という目的に有効であると考え、特許出願を通じて、自社で開発された技術の特徴を「見える化」する作業を進めているのです。

大手メーカーの海外進出や生産縮小によって、かつてのような待ちの姿勢では、中小企業が生き残ることはむずかしい環境になっています。提案型の企業に体質を転換し、自立していくことが求められることも多いでしょうが、そのためには、優れた技術があるというだけでは十分ではありません。

その優れた技術を客観的に理解し、提案力を強化していくこと。ナベルの知的財産に対する考え方や取組みは、提案型の企業への転換を模索している中小企業にとって、特に参考になるはずです。

(2) 「特許マップ」で強みを磨く——株式会社オーティス

大阪府東大阪市は、匠の技を売りにする中小企業が数多くあることで知られています。その東大阪市に本社を置く株式会社オーティスは、雨樋受金具で国内シェアトップを占める建材メーカーです。

同社は、知的財産マネジメントへの積極的な取組みという点でも、注目されている企業です。知的財産に関する社内の基本原則である「オーティス知的財産権管理方針」、毎月開かれる「知的財産発掘・創成定例会」および「知的財産出願定例会」などの取組みは、中小企業の先進的な知的財産マネジメントを紹介する事例集にも、たびたび取り上げられてきました。知的財産マネ

図表1－3－2　「特許マップ」の一例

ジメントへの取組みで「見える化」が効果を発揮している一例として、ここでは同社が作成している「特許マップ」に注目してみましょう。

大手メーカーなど特許出願を積極的に行っている企業では、「パテントマップ」という資料をよく作成しています。技術分野ごとに、自社特許と他社特許の力関係などを分析するための資料です。オーティスはそうした目的でもマップを作成していますが、同社がユニークなのは、いわゆるパテントマップとは少々趣が異なる「特許マップ」を作成していることです。

「特許マップ」とは、いったいどのようなものなのでしょうか。

同社の松本晴次社長がみせてくださった「特許マップ」には、ある製品に関連して自社が保有する特許権や意匠権などの知的財産権が、製品の写真上に一覧できるように示されていました。

「特許マップ」とは、他社特許との関係を示すものではなく、自社製品の特徴的な箇所を、保有する知的財産権というかたちで示したものだったのです。

この「特許マップ」ですが、知的財産業務の関係者だけでなく、営業担当など多くの社員に配付されています。なぜ営業担当にも配付されるのでしょうか。「特許マップ」には、自社製品が他社製品と違う部分はどこにあるかということが、特許権や意匠権といった知的財産権として示されています。そのため、営業担当が顧客に自社製品の強みを訴えたい場合に、一目で他の製品と違う部分を把握できることに加えて、「この部分は特許なので当社にしかないものなのですよ」と、明確な根拠をもって伝えるのにも役立つツールなのです。

営業がこのように特許マップを活用していることは、開発担当の立場からみるとどうでしょうか。自分の努力した成果が、社内で広く認知される。それだけでもちょっと誇らしい話ですが、社内だけでなく、営業を通じて社外にも積極的に自らの成果が発信されているのです。開発に対する意欲がいっそう刺激されるであろうことは、想像にかたくありませんね。

その意欲が新しい発明を生み、製品の強みになる。さらに、その強みを背景にして、営業が顧客に製品のよさをアピールする。開発の成果を特許マップとして「見える化」することを起点にして、オーティスの強みが磨かれていくサイクルが機能しているのです。

筆者が中小企業の経営者を対象にしたセミナーでは、オーティスの「特許マップ」の話をよく紹介させていただいています。すると、参加者の方の手がいっせいにパッと動き出す。メモをとられているんですね。特に、これまでにある程度の数の特許権を取得したものの、その生かし方がよくわからない。特許をとった効果があまり実感できない。そういった中小企業が関心をもたれる傾向にあるようです。

当社の特許権を侵害している！　と他社に警告状を送るとか、特許権のライセンス先を探すといった活動を始めるには、ある程度のお金と時間、人をさく覚悟が必要です。それに比べて、取得した知的財産権を整理する「特許マップ」であれば、自社のリソースですぐにでもスタートすることが可能です。「さっそくやってみよう」という意識から、メモをとる手が動くことになるのでしょう。あなたの会社もそうですか？　さっそくやってみましょう！

自社製品の強みを「見える化」して、開発部門と営業部門の効果的な連携に生かすこと。オーティスの「特許マップ」の例は、自社製品を開発して事業を展開している開発型の中小企業に、特に参考になるはずです。

(3)　他との違いを「見える化」することの意味

他との違いを「見える化」するはたらきについて、二つの例をみてきました。こうした例からわかるように、特許権の力を「外部にはたらかせる」前の段階であっても、自社に生まれている知的財産に「かたちをつける」ことによって、他社との違いである自社の強みを「見える化」することができるのです。「見える化」のはたらきは、提案力の強化や、開発部門と営業部門の効果的な連携といった、多くの中小企業が悩んでいる課題に生かすことができるものです。

紹介したナベルとオーティスは、いずれも製造業なので、特許による「見える化」が中心になっています。しかし、こうした他との違いを「見える化」する取組みは、製造業以外のサービス業などにも応用できるはずです。

自社のサービスと他社のサービスについて、それぞれを構成する要素を比較して、その違いを明らかにする。そして、明らかになった違いを図や表を使ってわかりやすく表現し、社内に配付して、現場も含めた多くの社員の間で、自社の強みを共有する。この「見える化」のプロセスにできるだけ多くの社員を巻き込めば、「自分たちがつくっているサービス」という意識を高めることにもつながるでしょう。

そして、その違いを的確に表現したネーミングやマークを考える。社長だけでなく、社内のみんなで考えるのが望ましいです。そして、決定したサービス名やマークについて、商標権を取得する。どうでしょうか。こうすれば商標権を取得することの意味が広がりませんか。単に、まねされるのを防止するという法的な意味だけではありません。会社の強みのシンボル、社員の意識を統合する象徴として、商標に魂が吹き込まれることになってきますね。

2 工夫の成果を企業の「財産」にするはたらき

知的財産に「かたちをつける」ステップで生じる二つ目のはたらきは、企業が製品やサービスをよりよいものにしようと創意工夫をした成果、こうした工夫の成果を企業の「財産」にする、ということです。筆者が経験した二つの具体例から、その意味を考えてみることにしましょう。

(1) 先進的なソフトウェアを開発するA社

一つ目は、筆者が銀行勤務時代に融資を担当した企業です。先進的なソフトウェア開発に取り組む研究開発型のベンチャー企業、A社の事例です。

A社は、初めから研究開発型のベンチャー企業であったわけではありません。もともとは、あるサービスを提供する、サービス業に分類される堅実な中小企業でした。ところが、インターネットの普及という時代の変化をとらえてITを用いたサービスへの取組みを強化し、自社で先進的なソフトウェアの開発に取り組むようになったのです。

A社が開発したソフトウェアのアルゴリズムは、大手メーカーや大学の研究者からも、先進的だ、画期的だ、と高い評価を受けました。研究開発型のベンチャー企業として、一躍注目を浴びる存在になったのです。ニッポン発の新技術の事業化を後押ししようと、さまざまなアプリケーションの開発や、販売体制の構築など事業化に必要な資金を支援するために、複数の銀行が参加して協調融資が行われることになりました。

ところが、融資が行われ、資金は潤沢になったはずであるものの、A社の事業は思うように立ち上がりません。

事業化が進まず、資金繰りが悪化した理由はいろいろあったのですが、製品の開発が停滞してしまったこともその理由の一つです。この開発プロジェクトは、基礎になるアルゴリズムを開発した一人のエンジニアへの依存度が高くなっていました。ところが、さまざまな理由から他のエンジニアとの連携がうまくいかず、アプリケーションの開発が一向に進捗しない状況に陥ってしまったのです。そして、開発チームから次々と退職者が出る事態となり、ついには、開発の中心となっていたエンジニアもA社を去ることになりました。資金繰りが行き詰まり、経営破綻に追い込まれたときには、エンジニアが一人も在籍していない会社になってしまっていたのです。

協調融資が実行されたときは、銀行団も含め、周囲はA社を「技術力のある企業」と評価していました。ところが、破綻に追い込まれたときには、もはやエンジニアが一人も在籍していない、元のサービス系の企業の姿に戻ってしまっていたのです。

周囲が評価していた技術力は、いったいどこにいってしまったのでしょうか。

結局のところ、周囲が評価していた技術力は、実質的に一人のエンジニアに依存していたのです。そのエンジニアが会社を去れば、A社には何も残りません。つまり、技術力がA社の財産といえる状態にはなっていなかったということです。

この事例から、お気づきいただけるでしょう。技術力があるようにみえる企業でも、実際は優秀な技術者がたまたま在籍しているにすぎない状態であれば、その技術力を「企業の財産」と評価することはできないのです。開発活動によって成果が出たというだけでなく、その成果を企業の名義で特許を出願する。あるいは、企業の営業秘密として技術情報を管理する。こうした知的財産をマネジメントする活動によって、はじめて技術を「企業の財産」と呼べる状態に置くことができるのです。

(2) フランチャイズビジネスを展開するB社

もう一つは、筆者が弁理士として独立した後に経験した事例です。

あるサービスでフランチャイズビジネスを展開するB社は、資金繰りが厳しくなり、新たな資金調達の方法を模索していました。そのときに資金の提供を検討していた金融機関から、B社の知的財産に関するリスクを確認してほしい、という依頼を受けたのです。

フランチャイズビジネスでは、商標権の取得状況が重要なチェックポイントになります。そうした点を確認したうえで、B社の社長にヒアリングを行うと、次のような話が出てきました。

「当社のサービスは、すごいですよ。この業界では、当社が常に新しいアイデアを生み出し、どこよりも進んだノウハウを蓄積してきました。たとえば、すでに皆さんもよくご存じのX社。あの会社も、もともとは当社のフランチャイジーだったんですよ。そのくらい、当社のノウハウは先をいっているんです」

さて、この話を聞いて、不思議に感じることがありませんか？

常にノウハウでは先行しているB社が、資金繰りに苦しんでいる。一方で、どうしてそのノウハウの提供を受けたX社が成長を続けているのでしょうか。

おそらくその理由の一つは、B社が自社で生み出したノウハウを、自社の「財産」として管理できていないことにあります。B社のノウハウを営業秘密として管理し、その範囲を明確にしてフランチャイジーに提供することができていないのでしょう。フランチャイジーに提供しているノウハウのどこからどこまでが「B社の財産」であって、X社がどのような条件でその財産を利用できるのか。そこが明確になっていなかったのです。B社の知的財産であるはずのノウハウがB社の財産として管理されていないから、X社が自由に使える状況になり、X社だけが先を行く結果となってしまったのです。

このような状態にあるB社に、単に資金を提供すればよいというものではありません。その前に、自社で生み出したノウハウを、自社の財産として管理する仕組みを整えること。蛇口を締めないことには、水は漏れっ放しです。まずはそれが先決である旨を、金融機関に報告することになりました。

(3) 工夫の成果を企業の「財産」にすることの意味

工夫の成果を企業の「財産」にするはたらきについても、二つの例をみてきました。特許権の力を「外部にはたらかせる」前の段階であっても、自社に生まれている知的財産に「かたちをつける」活動には、製品やサービスの開発段階で生じた工夫の成果を、企業の「財産」にするはたらきがあります。

企業の資金を使って得られた成果を「企業の財産」として管理すべきであることは、あまりに当たり前の話です。企業の資金で本社ビルを購入すれば、本社ビルの所有者は、当然その企業になります。そして、その企業を所有者として登記が行われます。企業が購入したコンピュータも同じです。企業の所有物であることは当然で、実際に使っているのが個々の社員だからといって、社員の所有物になってしまうわけではありません。企業が行った営業活動によって製品が売れれば、その代金は企業の口座に入金されます。営業担当者個人の財産になるはずがありません。

ところが、知的財産だけは少々厄介です。製品やサービスの開発段階で新たな成果が生じたとしても、それだけで企業の財産になるとは限りません。その成果について特別な作業、具体的には、特許出願や営業秘密の管理などを行うこと。そうしなければ、企業の財産として管理することができないのです。

中小企業やベンチャー企業の経営者が、

「どうして知的財産を意識することが必要なの？」

と、知的財産の専門家に質問したとします。すると、

「自社の知的財産を他社の模倣から守るためですよ！」

「他社の知的財産権を侵害したら大変なことになりますから！」

という回答が返ってくることが多いと思います。

ところが、知的財産を意識すること、知的財産マネジメントに取り組むことには、もっと根本的で、重要な意味があるのです。他社のことを気にする前に、自社で生まれた財産を自社の財産として管理し、会社に蓄えること。垂れ流しはＮＧです。特に、銀行から融資を受けたり、ベンチャーキャピタルから投資を受けたりしている企業にとって、これは重要な問題です。皆さんから出していただいたお金は、ちゃんとわが社の財産として蓄えられていますよ！　胸を張って、こう説明できるようにしておきましょう。

3 創意工夫の促進で社内を「活性化」するはたらき

知的財産に「かたちをつける」ステップで生じる三つ目のはたらきは、創意工夫を促進し、社内を「活性化」することです。継続的に特許出願を行っている企業であれば、発明の提案や報奨制度を設けていることが少なくありませんが、ここではさらに「知的財産」をより広くとらえて社内を活性化している、二つの企業の例をみてみることにしましょう。

(1) 「アイディア祭り」で社内を活性化――昭和精工株式会社

昭和精工株式会社は、各種金型をはじめ、自動化機器、精密治工具などの開発・設計・製造販売を行っている、横浜市に本社を置く精密塑性加工用ツールメーカーです。缶飲料のプルトップ用の金型では、国内で約五〇%のシェアを占めていることでも知られています。

同社の主力商品である金型は、個別に設計が必要な製品です。顧客の要望に応じて開発から販売までを行う、いわゆる受注生産型の業務が中心になっています。ところが、受注生産型の業務は顧客の経営状況に受注が大きく左右されやすく、特定の業種や顧客への依存度が高くなると、経営が不安定になりやすいという問題があります。こうした課題に対処するために、同社では、独自商品の開発に力を入れる取組みが進められることになりました。

自社開発の製品を販売するのであれば、その独自性を維持するために、新製品に必要な技術的アイデアをできるだけ保護しておくことが必要です。そのため、受注生産業務にはあまり縁のなかった特許出願にも、積極的な取組みを検討することになりました。

具体的には、公的支援制度を利用して、特許実務の専門家から特許出願の手ほどきを受けることになりました。ところが同社のエンジニアは、開発・設計業務などで日々とても忙しくしています。そうしたなかで、特許になりそうなアイデアを提案しなさい、特許出願に必要な書類を準備しなさいと求めるのは、現実的にはかなりむずかしい状況でした。そして、エンジニアに特許出願の負荷をかけるには無理がある、特許の提案を制度化するのはむずかしい、という経営判断に落ち着くことになったのです。

こういう経緯からすると、新たな取組みを諦めてしまうことになりそうですが、昭和精工は諦めませんでした。自社にあった方式にカスタマイズすることによって、提案活動への取組みを継続することにしたのです。

具体的には、特許出願の提案書よりも簡易なフォーマットの提案書を用意します。そして、新しいアイデアをだれでも簡単に提案しやすい、アイデアの提案制度を整えました。さらに、全社員が参加して、年に一回「アイディア祭り」を開催することにしたのです。

図表１－３－３　「アイディア祭り」のポスター

「アイディア祭り」では、提案されたアイデアが全社員の前で順に発表され、社員の投票によって選ばれた優秀なアイデアが表彰の対象になります。提案できるアイデアは技術的なものに限られず、営業部門や管理部門から出された技術以外のアイデアも、提案の対象になります。作業ノウハウなど文書や図面で表現するのがむずかしいアイデアは、ビデオ撮影した動画で発表することも可能です。

これとあわせて、特許の対象となるようなアイデアが提案された場合には、弁理士に相談して特許出願を進めるための業務フローも整備されました。

「アイディア祭り」を開催すると、おもしろい傾向がみられるようになりました。発表されたアイデアに対して、普段はあまり交流のない部門からも意見が飛び出すなど、社員の間で活発な議論が交わされることになったそうです。

「アイディア祭り」は、日々の業務においてさまざまな創意工夫に取り組む動機づけになるだけでなく、部門を超えて意見を交換するきっかけにもなっています。当初は、他社にない画期的な新製品を提案させることに主眼を置いていた知的財産への取組みが、社内の活性化という面で大きな効果を生むようになりました。また、ベテラン社員の職人芸的な技能がビデオで保存されるなど、技能の継承という面における効果も期待できそうです。

当初のねらいであった、特定の取引先に依存しない独自の製品を開発するという目標も、もちろん大切です。一方で、現在の主力である受注生産型の業務で社内全体のレベルアップを図ることは、足元を固めるうえでより重要です。それだけではありません。アイデア提案制度による社内の活性化は、結果的に独自製品を開発するためのアイデア出しにも効果を発揮し、「アイディア祭り」を開催するようになってから、特許出願の件数も増加傾向を示すようになっています。

こうした昭和精工の取組みのお話をうかがって思い出すのが、イソップ寓話の一つである「北風と太陽」です。北風と太陽が、こんな力比べをします。どちらが旅人の上着を脱がせることができるだろうか。北風は必死に強い風を旅人に吹き付けました。ところが、旅人はますます上着を強く押さえてしまい、うまくいきません。続いて、太陽です。太陽がポカポカと旅人の体を温めると、旅人は自分から上着を脱いでしまった。そういうストーリーです。

アイデアは、北風を吹かせるように「出せ、出せ」と迫ったところで、なかなか出てくるものではありません。太陽のようにポカポカと温めてみることにしましょう。会社を、楽しく、やりがいのある創造の場にすること。会社の体温もポカポカと温まり、新しいアイデアが生まれてくるはずです。

受注生産型のメーカーでは、どうしても仕事のスタンスが受け身になってしまいがちです。そうしたメーカーが社員の創意工夫への取組みを促し、社内を活性化する方法として、「アイディア祭り」を軸にした昭和精工の知的財産マネジメントが参考になるのではないでしょうか。

(2) 「知識集約型」への取組み――しのはらプレスサービス株式会社

次に、千葉県船橋市に本社を置く、しのはらプレスサービス株式会社の例をみてみましょう。同社の主力事業は、プレス機械のメンテナンスサービスです。機械のメンテナンスという、労働集約型のビジネスモデルです。人の力、特に熟練したベテランのスキルに頼ることが当たり前の業界において、同社が標榜するのは「知識集約型」のメンテナンスサービスです。「知識集約型」の取組みで、若手を中心とする社員の力を引き出し、業績を大きく伸ばしている注目の企業です。

同社が提供するサービスには、大きな特徴があります。ただプレス機械の修理を行うというだけではありません。自社開発の設備を用いて改良を加えることによって、既存の設備の能力増強をも可能にしているのです。通常の修理では、一〇〇の能力であった設備を一〇〇に戻すことができれば御の字であるところを、しのはらプレスサービスに頼めば、一〇〇を一二〇にしてもらえる。そんな評判も聞こえてくるそうです。

メンテナンスサービスというと、「知的財産」にはあまり縁がなさそうな業態のように思えますが、同社が知的財産を意識するきっかけはどこにあったのでしょうか。

そのきっかけは、一〇年ほど前、マツダが有していた修理作業の効率化に有効な特許技術の移転にまでさかのぼります。そこから特許というものに意識が向かうようになり、千葉県の知的財産戦略支援事業に応募して、自社の知的財産の洗い出しを行うことになりました。

図表1－3－4　しのはらプレスサービス㈱によるプレス機械のメンテナンス

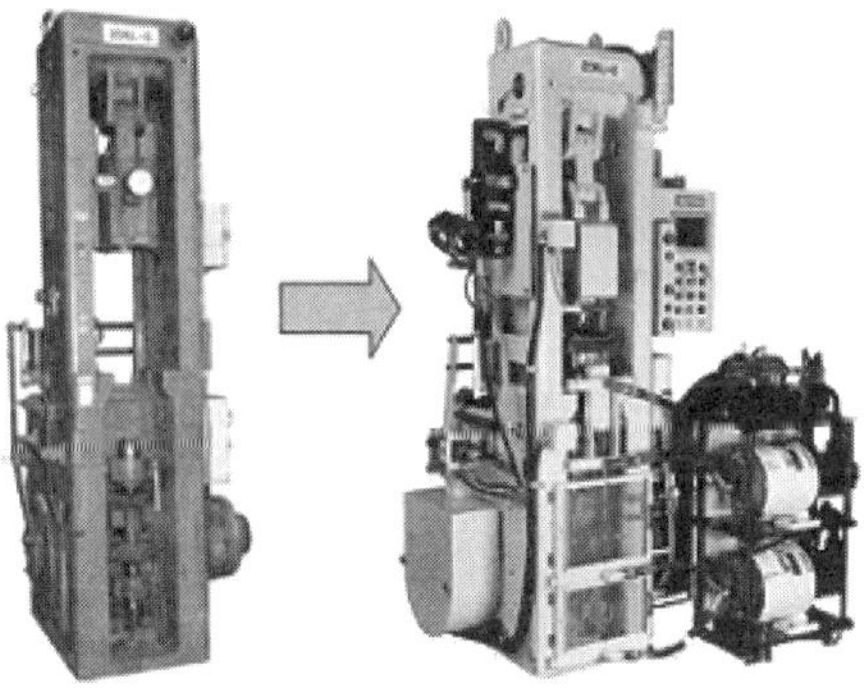

このときに同社では、知的財産を「特許の対象になるもの」と狭くとらえるのではなく、社員がもっている経験や知識を、広く知的財産ととらえることにしました。ここは重要なポイントです。特許になりそうなものがないから、知的財産なんて関係ない、ということではありません。社員がそれぞれの現場で工夫した作業方法などを作業マニュアルとして取りまとめ、社内で共有できる仕組みを整える。この作業マニュアルこそが、わが社の知的財産である、という考え方です。そして、作業マニュアルにはそれぞれの工夫を行

った社員の名前が記録されるため、社員には「自分も会社の知的財産をつくりだしている」という意識が芽生え、やる気を引き出すことにつながっているのです。

「知識集約型」の企業としての同社の取組みは、メンテナンスサービスの質の向上にとどまるものではありません。積極的な改善提案を行う同社に対する顧客の期待は、メンテナンスという川下から川上にさかのぼり、大手メーカーや研究機関から、研究開発や試作についても声をかけられるまでになっています。

「知的財産」に対する意識は、製造業だけに求められるものではありません。サービス業であっても、自社の強みの源である社員の経験や知恵を「知的財産」ととらえることによって、強みを磨き、サービスの向上と業績の拡大に生かすことが可能なのです。

しのはらプレスサービスが取り組む知的財産マネジメントは、まさにその可能性を示してくれるものといえるでしょう。

(3) 知的財産に「かたちをつける」取組みが社内を活性化する理由

知的財産に「かたちをつける」取組みを社内の活性化に役立てている、二つの事例についてみてきました。昭和精工ではアイデアを提案しやすい仕組みを整え、しのはらプレスサービスでは社員の経験や知恵を作業マニュアル化することによって社内を活性化しています。この両社は、どういう点が共通しているでしょうか。そう、「知的財産＝特許」のように、「知的財産」を狭く考えていません。「知的財産」を広くとらえている点で、両社は共通しています。

前章で詳しく説明しました。自社の製品やサービスをよりよいものにしたいとさまざまな工夫を行っている企業には、必ずなんらかの知的財産が存在しています。両社では、知的財産の対象を広くとらえ、多くの社員を巻き込んでいくことによって、社員が努力した工夫の成果を「見える化」することに努めているのです。

「見える化」することによって、だれが何に頑張って成果を出したのか、社長だけでなく他の社員にも示すことができます。自分が会社の財産を蓄えるのに貢献したことが明らかになるので、社員の仕事のやりがいを高められるという効果もあります。社内にあるはずの知的財産に「かたちをつける」取組みが、こうやって社内の活性化に結びついていくのです。

資金力や、工場や設備のような有形資産に恵まれない多くの中小企業にとって、人の力をどれだけ引き出せるかは、何よりも重要な経営課題です。社員のやる気は、お尻をたたくだけではなかなか引き出せません。北風だけでなく、太陽も必要です。社員が頑張った成果を「見える化」すること。そこから社内の活性化を進めていきましょう。

4 ライバル企業の動きをコントロールするはたらき

ここまでは、知的財産に「かたちをつける」ステップで生じる三つのはたらきをみてきました。続いて、かたちをつけた知的財産を「外部にはたらかせる」ステップで生じるはたらきです。

前章では、知的財産の力がさまざまな方向にはたらくことを説明しましたが、知的財産の力をどの方向にはたらかせるかを意識しながら、五つに分類してみていくことにしましょう。

一つ目は、知的財産の力をライバル企業にはたらかせるパターンです。

知的財産権の独占的な効力を生かした、典型的なはたらきです。独占権である知的財産権を取得、活用して、ライバル企業が市場に参入するのをコントロールする。なぜ特許権などの知的財産権が必要かを問われると、おそらく多くの方が「模倣品を防止する」「参入障壁を築く」と答えるのではないでしょうか。知的財産マネジメントという言葉を耳にすると、最もイメージしやすいのが、このライバル企業の動きをコントロールするはたらきです。

特許権などの知的財産権のもつ排他的な力を生かして、独占的な地位を築き、大きな利益をあげる。企業にとっては理想的なパターンです。ところが、こうした絵に描いたようなストーリーが実現できた例は、大企業の例をみても多くはありません。なぜなら、一つの製品はさまざまな技術によって構成されているのが通常であり、一企業で製品に必要な特許をすべて押さえるという状況は、なかなか実現できないからです。たとえば、アップル対サムスンのように、スマートフォンの分野における特許紛争がしばしば報道されています。こうした動きからも、特許による市場の独占が容易でないことがうかがえます。特許による市場の独占が実現しているのは、医薬品など一部の分野に限られているのが実情です。

では、どうすればよいのでしょうか。中小企業は特許の取得、活用などの知的財産マネジメントに、どのように取り組めば、ライバル企業の動きを効果的に抑えていくことができるのでしょうか。ここでは三社の例を紹介しながら、中小企業が意識したいポイントをみていくことにします。

(1) 「消す」市場をリードする——株式会社シード

株式会社シードは、大阪市都島区に本社を置く事務用品メーカーです。同社の製品は、おそらく読者の皆様も使われたことがあるはずです。プラスチック消しゴム、そして修正テープ、これらの商品は、大阪の中小企業が世界で初めて開発したものなのです。

プラスチック消しゴムは一九五六年、修正テープは一九八九年、いずれも同社が開発し、当時の常識を覆す画期的な新製品として発売されました。大手文具メーカーへのＯＥＭやライセンス

図表1－3－5　消しゴム「Radar」と修正テープ

まで含めると、現在でも国内市場では、同社が大きなシェアを占めています。同社はさらに先の時代を見据えています。二〇〇八年に発売した古紙再生装置は、シュレッダーを大型にしたような装置ですが、使用ずみの紙を投入すると再生紙として出力されるという優れ物です。またもや世界初の製品で、新たな事業の立上げに注力しているところです。

プラスチック消しゴムと修正テープで、高い市場シェアを実現した背景には、特許権や意匠権などの知的財産権の取得に対する積極的な取組みがあります。いずれの製品も、知的財産権によって大手文具メーカーに対する参入障壁を固めたことが、市場における地位に大きな影響を与えているのです。

ところでこの三つの製品、何か気づくことがありませんか?

用いられている技術が同じというわけではありません。技術分野には連続性があるというわけではなさそうです。では、何が同社の軸であり、どこに連続性があるのでしょうか。消しゴム、修正テープ、古紙再生装置……。

そうですね。連続しているのは、機能です。これらの製品は、「消す」という機能でつながっています。つまり、常に「消す」ことに対する顧客ニーズの先を読み、「消す」市場をリードする画期的な製品を投入することが、同社の経営戦略の基本にあるのです。そうした経営戦略に基づいて事業を推進するなかで、特許権や意匠権などを取得、活用する知的財産マネジメントには、どのような意味があるのでしょうか。

西岡靖博相談役（インタビュー当時は社長）のお話のうち、特に注目したいのは、特許や意匠の出願や権利化を「事業に必要な投資の一部」ととらえていることです。

何も中小企業に限った話ではありませんが、どんなに優れた製品を開発し、ヒットに結びつけることができたとしても、その製品が永遠に企業を支え続けてくれるわけではありません。なぜならば、時代は変化するからです。時代が変化すれば、顧客のニーズも変化します。「消す」ことに対するニーズも変化します。鉛筆を使う機会が減り、少子化で子供の数が減るという時代の変化に伴い、鉛筆で書いたものを消すニーズが低下していくことは避けられません。そして、「消す」ことに対する顧客のニーズは、コンピュータで打ち出した文字を消す、という方向に変化していきました。ところが、さらにそのニーズにも変化が見え始めています。個人情報保護に対する規制が厳しくなると、修正テープで消すだけでは不十分で、文字が書かれた紙を完全に消してしまいたい、というニーズが生じます。さらに、環境問題に対する意識の高まりから、文字を消した紙を再利用したいというニーズも高まってきました。消しゴムで成功したら左団扇、修正テープで成功したら永遠に安泰というわけにはいきません。常に時代の先を読み、新製品の開発に取り組み続けないと、企業は生き残っていくことができないのです。

つまり、企業が次の時代にも生き残っていくために求められるのが、新しい製品を開発するための先行投資です。開発投資、設備投資、人材への投資など、さまざまな先行投資が必要になり、お金が先に出ていってしまいます。そして、そうした投資、つまり先に出ていったお金を、新製品を売って回収する。これが企業経営の基本になるサイクルです。投資をして、回収する。投資が回収できなくなったときに、企業の存続は危うくなってしまいます。だからこそ、何に投資をして、どうやって回収するか。その判断こそが、経営者の重要な使命なのです。

では、「投資をして、回収する」というサイクルのなかで、知的財産マネジメントをどのように位置づければよいのでしょうか。

西岡相談役は、特許や意匠を出願、権利化する知的財産マネジメントを、投資をして回収するというサイクルとの関係で、次のように説明してくださいました。

「新製品を開発するためには、先行投資が必要です。研究開発への投資、設備への投資とあわせて、特許権や意匠権の取得にかける労力や費用も先行投資の一部です。いくら画期的な新製品の開発に成功し、発売することができたとしても、ライバル企業に簡単に模倣を許してしまっているようでは、先行投資を回収することができません。だから、先行投資の一部として、知的財産権への投資も怠ることはできないのです。

知的財産権への投資も、研究開発や設備への投資と異なるものではありません。だから、事業に必要であれば、知的財産権の取得にもメリハリをつけて投資する。その知的財産権の取得も投資なのだから、回収することを意識しなければいけません。そのため、当社では、出願中や取得ずみの特許の必要性をランクづけして管理し、無駄な支出を抑えて、投資の効率を高めるよう努めているのです」

なるほど。知的財産だけを切り離して考えるものではありません。知的財産マネジメントも、投資の一部なのですね。投資を回収する確率を高めるために、投資の一部を知的財産権の取得に充てる。同社の過去の特許出願の技術分野の推移をみてみると、投資のターゲットとなる分野が変化していった様子が如実に表れています。同社が事業戦略の一部に特許を位置づけて、研究開発や設備に対する投資と同じように、必要な投資の一部として特許権の取得を進めてきたことの表れといえるでしょう。

同社の知的財産に対する考え方で、もう一点注目したいことがあります。自社ブランドをもつメーカーであるにもかかわらず、自社ブランドだけに固執せず、ライセンスやOEMにも対応しているということです。

修正テープが世に出る前まで、プリンタで打ち出した文字を消したい場合は、修正液を使っていました。筆者が社会人になったばかりの頃は、オフィスでよく紙をフーフーと吹いている人をみかけたものです。衣服に付着するととれにくいことや、乾いた後も表面がデコボコになって文字を書きにくいことも、困った問題でした。そうした問題を一挙に解決したのが、シードの開発した修正テープです。発売してみると、予想をはるかに上回るニーズがあり、自社の生産能力だけでは対応できなくなってしまったそうです。このときに、自社ブランドにこだわるより、顧客のニーズに応えることが大切と考え、大手文具メーカーへのライセンスを決断された。メーカーであるシードにとって、ライセンスより自社ブランドにこだわったほうが儲かるはずなのですが、どうしてライセンスという決断になったのでしょうか。

「商品というのは、欲しがっているお客様の手元に届けて、使っていただくことが何よりも大切なのですよ」

西岡相談役のお答えが、いまでも記憶に残っています。自社ブランドにこだわって市場の拡大が制約されてしまうよりも、より大きな市場をつくることを優先して、そのなかで自社の地位を固めていく。目先のシェアよりも、需要の喚起、市場の拡大を見据えてのことです。経営者として、広い視野に基づいたご決断ですね。

顧客のニーズに応えることを優先し、自社ブランドだけにこだわらなかった。その経営判断が、同社を中心にした修正テープという新しい市場の発展に結びついたといえるのではないでしょうか。

こういった市場の拡大を重視するスタンスは、シードの例に限ったことではありません。実績を伸ばしている中小企業の経営者にお話をうかがうと、自社の市場シェアだけに意識が向いているわけではない傾向があるように感じます。多くの経営者がそれ以上に重視しているのが、「市場の発展」です。まずは市場の発展ありき。どれだけ高い市場シェアを獲得したとしても、市場そのものがシュリンクしてしまっては、結局のところ先細りになってしまうからです。市場の発展に努め、そのなかで自社が重要なポジションを占めること。これが実績を伸ばしている多くの中小企業の経営者に共通するスタンスです。

ここまでに紹介したシードの例からは、中小企業が知的財産マネジメントに取り組んで効果をあげるために、参考になる二つのポイントを読み取ることができます。

一つ目は、知的財産権への投資を、研究開発や設備投資と同じ投資の一部に位置づける、ということ。

中小企業にとって、特許権などの知的財産権は、あまりなじみのない事柄であるため、特別なものであるように考えてしまいがちです。しかし、特許を出願するという行為も、事業の競争力を高めるために必要な投資の一つに位置づけられるものです。研究開発や設備に投資をするのと、なんら異なるものではありません。

知的財産権を特別なものとして扱うことは、事業戦略との乖離を招き、不必要な支出につながるおそれがあります。投資の一部を知的財産権の取得に充てることによって、投資を回収しやすくする。必要な投資の一部と位置づけることが、知的財産マネジメントの効果を高める秘訣なのです。

二つ目は、自社の知的財産を保護し、市場シェアを高めることばかりに目を奪われないこと。他社の力も使って顧客のニーズに応え、市場を拡大する。時には、そういった発想も求められるのです。

特に大企業も競争相手となるような大きな市場では、大企業と中小企業がお互いに得意な部分を補い合い、共存共栄を図るのが現実的な選択であることが少なくありません。シードは、ライセンスやOEMにも対応することによって、大企業がもつルートも使って、自社が開発した技術で市場を拡大することに成功しました。市場のパイが拡大してこそ、自社の活躍の場が広がるというものです。知的財産だから独占しなければならないという意識にとらわれることなく、大企業の生産能力や販売ルートを活用することも、戦略の一つとして検討してみるべきでしょう。

(2) 「ビジネスモデル」から考える——株式会社エルム

第1章でも紹介した株式会社エルムは、一九七七（昭和五二）年に設立された、鹿児島県南さつま市に本社を置く電子応用機器メーカーです。設立以来、LED検査装置、農作物のネット包装機などのさまざまな機器を開発してきました。現在同社を支える主力事業となっているのは、レンタルCD店や図書館などで使われる、CDやDVDなどの光ディスクの自動修復装置です。

この装置は、サンドペーパーと水を使って研磨する独自の方式によって、全自動で光ディスクを修復します。海外でも三七カ国に輸出され、自動修復装置の世界市場で九割を超えるシェアを占めるに至っています。

図表1－3－6　光ディスク修復装置の最上位機「Eco Super」

鹿児島にある中小企業であるエルムが、どうして世界を相手にビジネスを展開することができるのでしょうか。製品の優位性、練りに練られた事業戦略、さまざまな要因がありますが、光ディスク自動修復装置の高い市場シェアの実現には、特許も重要な役割を果たしているのです。

そして、ここで注目したいのが、同社の特許に対する考え方です。技術を守るためには、装置をつくるのに必要な発明を洗い出し、もれのないように特許で守りを固めておかなければならない。そのように考えるのが普通でしょう。ところが、エルムの考え方は違います。「ビジネスモデル」という観点で、重点的に特許で守るべき部分を選別していることが、同社の特許戦略の大きな特徴です。

電気・電子関連の分野では、一つの装置がさまざまな技術要素によって構成されていることが通常です。そのため、自社で開発した装置を特許でしっかり守ろうとすると、どうしても膨大な数の出願をしなければいけません。中小企業にとって、大量の特許を出願することは、人的にも資金的にも大きな負担です。そのため、十分に特許で守りを固められないまま、大手メーカーの追随を許し、やがては先行されてしまうというケースが後を絶ちません。

大量の特許を出願しなくても、自社製品の優位性を効果的に守る方法はないだろうか――開発型の中小企業に共通する悩みです。この問いに対して、同社の宮原隆和社長は、特許の専門家である筆者も驚くような視点で、独自の考え方を示してくださいました。

その考え方とは、これは特許に限った話ではありませんが、中小企業にとって「ビジネスモデルを考える」ことが重要である、ということです。

技術的に優れた製品の開発に成功したとしても、それだけで十分というわけではありません。その製品によって利益を得られるビジネスモデルをもっていなければ、どんなに優れた製品を開発しても、それを利益に変えていくことができないからです。顧客のニーズがどこにあり、どのように販売し、どうやって利益を得るのか。そのシナリオを開発段階からしっかりもっておかないと、たとえ製品開発に成功したとしても、事業として成り立ちません。

エルムにも苦い経験があるそうです。かつて、周囲の多くの人たちから「素晴らしい製品だ」と評価されたゴルフのパター練習機。とても評判のよい製品だったにもかかわらず、売り方を十分に検討しなかったために、失敗に終わってしまった。そうした経験も経て、「ビジネスモデル」から考えることを強く意識するようになったそうです。

こうしたビジネスを進めるうえでの大原則、ビジネスモデルが重要であることは、特許だって同じ。特許の役割においても「ビジネスモデル」を意識すること、つまり、ビジネスモデルのなかでの位置づけを考えることが必要です。開発した製品のなかで、どこが技術的にむずかしかったか、どの発明が画期的か。そういった技術的な面ばかりでなく、ビジネスモデルという切り口からも、各々の発明をみていくことが求められるのです。

では、同社の光ディスク修復装置であれば、どのように考えればよいのでしょうか。

全自動で光ディスクを修復できる装置なので、この装置には、新たに工夫された技術要素が数多く含まれています。そのなかから、どこを優先的に特許で保護していけばよいのか。ビジネスモデルという切り口から見直してみると、技術だけでは判断できない重要な部分がみえてきます。ディスクの表面を研磨するパッドです。このパッドは、使用を重ねれば交換が必要になる消耗品なので、装置を購入した顧客は、その後も継続的にパッドを購入しなければなりません。そのため、同社にとっても装置を販売した後の安定収益源として、パッドが重要な意味をもつことになるのです。

こうしたビジネスモデルを前提に考えると、何が大事なのか、守らなければならないものが何であるかが浮かび上がってきますね。同社が収益をあげる仕組み、そこには消耗品であるパッドが重要な意味をもっています。収益力を維持していくためには、安価なパッドの模倣品が出回るような事態を避けなければなりません。そのため、特許を出願するにあたり、パッドに関連する部分の保護に重点を置いたとのことです。

ある装置を開発して新規事業を始める場合には、その「装置」をどのように保護するかということから考えてしまいがちです。

しかし、企業が本当に守らなければならない対象は、「装置」でもなければ、それを支えている「技術」でもありません。その装置によって利益を得る「ビジネスモデル」なのです。他社が市場に参入するかどうかを決めるときの本質的な判断基準は、「特許があるか否か」ではなく、「その市場に参入するうま味があるか否か」です。たとえ「装置」に含まれる技術が完全には特許で保護されていなかったとしても、「ビジネスのうまみ」が特許によって消されてしまっていれば、利益のあがりそうもない市場にわざわざ入ってこようなんて思うでしょうか。

特許でどのように守るか。守る対象は何でしょうか。特許でどのように「技術」を守るか、ではありません。特許でどのように「ビジネスモデル」を守るか。特許でどのように市場に参入するうま味を消すか。そこが考えるべき重要なポイントです。

光ディスク自動修復装置で圧倒的な市場シェアを獲得しているエルムは、すでに次の時代を見据えた動きを始めています。光ディスクの修復に対するニーズが、この先も永遠に続くかどうかわかりません。先に、株式会社シードの例でもみたように、中小企業が長く存続していくためには、時代の先を読んだ投資が欠かせません。そして、同社が現在注力しているのが、LED照明器具です。

LED照明器具というと、日本の大手メーカーや中国メーカーが多数参入し、シェア争いや価格競争を繰り広げている、競争の激しい市場です。なぜあえてそこに、中小企業であるエルムが参入するのでしょうか。

同社はこの市場では、コンシューマ向けなどの競争が激しい市場を避けて、「戦わない」ことを基本戦略にしています。そして、調光対応や省電力といった同社製品の技術的な優位性を生かせる分野、具体的には、ホテルやショッピング施設、ゴルフ場といった、照明に対する多様なニーズへの対応が必要な分野に集中して、導入実績を積み上げるようになっているのです。

市場で圧倒的なシェアを押さえることを目指した光ディスク修復装置のビジネスとは、ビジネスモデルを構築するうえで、目指す方向が逆になっています。LED照明器具では、市場シェアを高くすることを目指すのではありません。市場シェアは低くてかまわない。あえて特殊なニーズ、エルムだからできる領域を見つけ、そこに特化してビジネスを展開する。以前とは逆の、新しいビジネスモデルです。同社のホームページをみると、着々と布石が打たれているようです。カラーライティングという特殊な分野で圧倒的な力をもつ、カラーキネティクス・ジャパンとのパートナーシップ。初期費用のかからないレンタルシステム。どのような方法によって、自社の優位性を固めていくのでしょうか。豊富なアイデアにいつも驚かされる、宮原社長の今後の戦略がおおいに注目されるところです。

ここまでに紹介したエルムの例からも、中小企業が知的財産マネジメントで効果的にライバル企業をコントロールするための秘訣の一つが明らかになりました。技術だけにとらわれてはいけない。「ビジネスモデル」を意識して対策を考えること。どういう権利を押さえれば、他社が市場に参入するインセンティブを失うだろうか。中小企業が限られた経営資源で効果をあげるために、忘れてはならないポイントです。

(3) 「特許をとれる」「海外でも売れる」製品で事業展開――JDC株式会社

特許によってライバル企業に対する優位性を固め、その分野で圧倒的な存在感を発揮している中小企業をもう一社紹介しましょう。長崎県佐世保市に本社を置き、金属コイル加工関連の機械器具を製造販売している、ＪＤＣ株式会社です。

図表１－３－７　操業中のRB21

土木技術のコンサルティング会社として創業された同社は、日本開発コンサルタント株式会社という社名で知られていました。創業当初から、発明好きの創業者を中心にさまざまなアイデアを特許出願していましたが、元・佐世保重工のエンジニアである橋川義人社長が一九七九年に入社してから、本格的に産業用機械分野での開発活動がスタートしました。そして、傷をつけずに鋼板を巻き取る金属コイルの巻取装置の開発に成功してからは、この分野での製品の開発と販売に特化しています。現在の主力製品「ＲＢ21」は、機能面、価格面ともに他社製品を圧倒し、国内市場はほぼ独占、海外でも約九〇％の市場シェアを占めるまでになりました。

いまでは売上げの過半が輸出となり、橋川社長は海外を飛び回っておられます。

開発に特化したファブレス企業である同社の経営戦略は、シンプルであるとともに、とてもユニークです。その戦略とは、

「大手が参入しないニッチ分野に特化して、オンリーワンの技術に支えられた製品で圧倒的なシェアを確保する」

というものです。

さらに、製品の市場を海外にも求めることによって収益の規模を拡大していくことも、経営戦略の基本方針となっています。

そして、この戦略を実践するために必要なのが、自社の技術をライバル企業から守るための特許です。オンリーワンの技術で海外にも事業を展開するためには、足場のない海外でも武器になるような特許権が必須です。特許で守られた製品を、国内だけでなく海外にも展開すること。それが同社のビジネスモデルの基本なのです。

こうしたビジネスモデルを実現するために、

「世界的に特許をとれる製品であること」

「海外でも売れる製品であること」

が、同社の開発テーマ選定の基準になっているそうです。

新製品の開発に成功したとしても、それがいわゆるニッチ製品であるならば、売上げがある程度まで伸びれば、そこで頭打ちになってしまいます。その限界を超えて収益を拡大するために、別の製品の開発に注力するのか。それとも、同じ製品を海外市場にも展開することに努めるのか。開発型の中小企業にとっては、そこが悩ましいところ……。

顧客のニーズを的確に把握し、そのニーズに応える新製品を開発するのは、なかなか容易なことではありません。もちろん、海外展開にもリスクが伴うことに違いはありませんが、国内で顧客に求められる製品であれば、海外の顧客も欲しがるものであることが多いでしょう。そこでJDCでは、後者の海外市場に展開する戦略のほうがローリスクと考えて、「海外でも売れる製品であること」を開発テーマの条件の一つにしているのです。そして、日本国内のような足場がない海外において、ビジネスをコントロールするために、特許権のように武器となる権利の存在が欠かせません。

「世界で特許がとれて、海外でも売れる製品」を開発して、世界を相手に事業を展開すること。JDCのビジネス戦略、その戦略の基礎となる特許の位置づけは、開発力に自信がある中小企業のビジネスモデルを考えるうえで、とても参考になる例といえるでしょう。

(4) 知的財産の力でライバル企業の動きをコントロールするために

特許権などの知的財産権には、侵害者の行為を差し止める力、侵害者に損害の賠償を求める力があります。こうした力をライバル企業にはたらかせれば、ライバル企業の動きをコントロールすることが可能になります。

ただし、これまで紹介してきた三社の例からもわかるとおり、特許権などの知的財産権は、独占権とはいっても、とればそれだけで儲かるという性質のものではありません。十分に練られた事業戦略、ビジネスモデルのなかで、その役割をしっかりと位置づけることによって、はじめて大きな利益に結び付くものです。特許をとっておけば、だれもまねができないから市場を独占できて、ビジネスが成功する……いや、事業というのは、そんな単純なものではありません。特許をビジネスモデルのなかでどのように生かすのか。そこをしっかりと構想しておくことが重要です。

話はかなり飛んでしまいますが、最近読んだ『禅が教えてくれる　美しい人を作る「所作」の基本』（枡野俊明著、幻冬舎）という禅の入門書に、次のような仏教の考え方が紹介されています。

すべての事柄には、「原因」があり、そこに「縁」という条件が整って、はじめて「結果」が生まれる。

その一例にあげられているのが「キュウリの種」です。

ここで「原因」に当たるのがキュウリの種ですが、キュウリの種を納屋にしまったままにしておいても、芽が出ることはありません。土を耕して種を植え、肥料を与え、水をやり、雑草をとり、そういう「縁」が加わることによって、ようやくキュウリが育って実がなる、という「結果」が生じるわけです。「原因」があれば直ちに「結果」が生じるのではない。「原因」と「縁」が整い、「因縁」を結ぶことによって、「結果」が生じる。つまり、よい「結果」を得るためには、「原因」だけでなく、よい「縁」を結ぶことが必要。どういう「縁」を結ぶかで「結果」は変わってくるので、仏教では「縁」を結ぶこと、すなわち「縁起」を大切にする。そういう話です。

「知的財産」も同じですね。筆者は勝手に「(知的財産を生かす)キュウリの種の法則」と呼んでいるのですが、あくまで知的財産というのは「原因」であって、どういう「結果」を生むかは、知的財産がかかわる「縁」に大きな影響を受けます。その「縁」に当たるものが「ビジネスモデル」であるといえるでしょう。

5 取引先との交渉力を強化するはたらき

知的財産の力を外部にはたらかせる一つ目のパターンとして、ライバル企業にはたらかせる例をみてきました。ライバル企業は自社からみると「横」の関係になりますが、次は「縦」の関係にある取引先に、知的財産の力をはたらかせるというパターンです。

企業の収益力に影響を与えるのは、売上げをふやすうえでのライバルとなる、「横」の位置にいるライバル企業との力関係だけではありません。自社からみた「縦」の位置、すなわち、取引先との関係において、売値を叩かれれば収入が減ります。仕入値を上げられると利益を圧迫されます。「縦」の関係にある取引先も、収益力に大きな影響を与える存在です。

この「縦」の関係にある取引先に、知的財産のはたらきがどのような影響を与えるのか。二つの例から考えてみましょう。

(1) 「縦」関係から特許に注目する中堅材料メーカーC社

C社は、ある装置に用いられる材料の市場において、七〇～八〇％という高いシェアを誇る中堅の材料メーカーです。そのC社が、特許出願の体制強化を求めている、という話を耳にしました。

七〇～八〇％もの市場シェアがあれば、いまさら、特許でライバル企業をコントロールするという状況でもなさそうです。それだけの市場シェアがありながら、なぜ特許のストックをふやしていく必要があるのでしょうか。

詳しい話を聞いてみると、同社が意識していたのは、「横」関係にあるライバル企業のことではありませんでした。特許の必要性を強く意識している理由は、「縦」関係にある取引先、具体的には、材料の納品先である装置メーカーとの関係にあったのです。

納品先の装置メーカーとの関係をみてみると、装置メーカーと材料メーカーの境界線に近い部分で、さまざまな発明が生まれることがあります。たとえば、装置メーカーに固有のニーズに対応するために開発した新材料、その新材料のために開発された特殊な装置。そういったものに関する発明です。こうした発明について、装置メーカーと材料メーカーのどちらが特許権を保有するかによって、両者間の交渉力に大きな影響が生じてきます。C社が特許を強く意識している理由は、そこにあったのです。

こうした発明について、装置メーカーが特許権を保有しているとどうでしょうか。

装置メーカーの立場で考えてみましょう。特許は自社にあるのだから、材料を仕入れるメーカーはどこでもかまいません。交渉上、圧倒的に有利です。材料メーカーの立場から考えるとどうでしょうか。自社を選択してもらうためには、価格面での譲歩を余儀なくされてしまいます。厳しいコストダウンが要求され、収益力を高水準に保つことは至難の業となってしまうでしょう。装置メーカーが大企業、材料メーカーが中小企業であれば、その力関係はいっそう厳しいものになるはずです。

逆に、材料メーカーが必要な特許権を保有するとどうなるでしょうか。

特許権が「その材料メーカーでなければならない」理由としてはたらくので、材料メーカーが交渉上有利になることは明らかです。価格設定においても強気の交渉が可能になり、収益力にもプラス要因としてはたらくことになるでしょう。

七〇～八〇％もの市場シェアを有しているC社が特許出願に力を入れようとするねらいは、こうした取引先との交渉力の強化にあったのです。

(2) ニッポンの「匠の技」を束ねる――株式会社エンジニア

次に紹介するのは、第1章でキャラクターの「ウルス」に登場してもらった、大阪市東成区にある株式会社エンジニアです。二〇一一年に全国発明表彰の日本商工会議所会頭発明賞を受賞するなど、知的財産というテーマからも注目を浴びている中小企業です。プロ向けの工具メーカーである同社は、家庭用に開発した頭の潰れたネジを外せる「ネジザウルス」シリーズが一三〇万本を超える大ヒットとなり、一般の顧客にも知られることが多くなりました。さらに、ネジザウルスを米国市場向けにアレンジした「バンプライヤーズ」、小型ながら多様な切断機能を備えた「鉄腕ハサミGT」などのユニークな製品を開発し、活躍の場をどんどん広げている中小企業です。

製品のユニークさだけではありません。デザインへのこだわりや、手づくりの愉快なプロモーション。これらも、同社について語るうえで、欠かせないポイントです。デザインの面では、ネジザウルスシリーズの最新版「ネジザウルスGT」が、二〇〇九年にグッドデザイン賞を受賞。

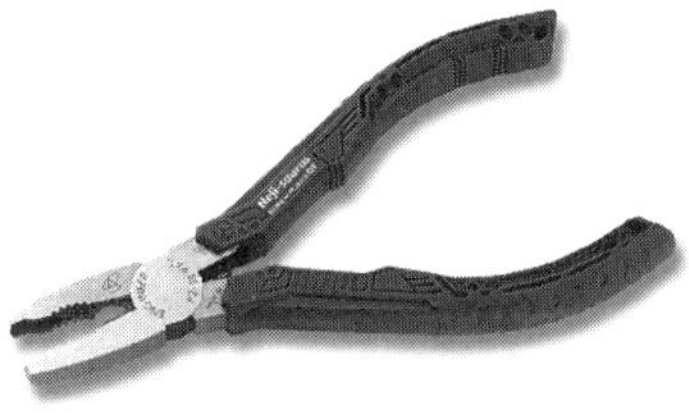

図表1－3－8 「ネジザウルスGT」

美しいデザインに、強いこだわりをもって製品を開発しています。プロモーションの面では、オリジナルのビデオやテーマソング、漫画などが特徴的です。これらのプロモーションツール、代理店任せでつくられているのではありません。作詞作曲、歌や踊りに多くの社員が参加し、ホームページやブログで積極的に紹介されているのです。

こうしたデザインやプロモーションの重要性を含めて、同社の高崎充弘社長は、ヒット商品を生み出す秘訣を独自の理論で説明されています。その名も「MPDP理論」。「M」はマーケティング、「P」はパテント、「D」はデザイン、「P」はプロモーションで、ヒット商品にはどれが欠けてもダメ、というものです。高崎社長が講演をされる機会を見つけたら、ぜひ参加して詳細を確認してください。参考になること請け合いです。

そのエンジニアを率いる高崎社長に、知的財産の八つのはたらきを説明したうえで、質問をぶつけてみました。知的財産マネジメントに力を入れ、ヒット商品を生み出した同社では、どのはたらきがよく効いているのでしょうか。

さて、高崎社長のお答えは……。

同社の現状を考えてみましょう。ネジザウルスシリーズの最新製品、「ネジザウルスGT」はほとんど競合品がない状況であることから、四つ目に説明した「ライバル企業の動きをコントロールするはたらき」でしょうか。いや、ひょっとすると、特許という切り口からこの製品がよくメディアに取り上げられていることから、次に説明する六つ目の「顧客にオリジナリティを伝えるはたらき」かもしれない。筆者の予想は、そんなところでした。

ところが、高崎社長の回答には、ちょっと驚かされます。「取引先との交渉力を強化するはたらき」を指さし、これが効いているなあ、という答えが返ってきたのです。

その意味は、次のとおりです。

エンジニアは、工場をもたないファブレスメーカーです。つまり、同社の強みは、製造技術にあるわけではありません。製品の企画開発力と営業力、そこに強みがあります。そして、ネジザウルスなどの製品の部材の加工や組立てを担っているのは、ものづくりにこだわり、「匠の技」をもった国内の中小企業です。ものづくり系の中小企業がもつ「匠の技」を一つに束ね、新製品として世に送り出す。企画開発力と営業力を備えた同社は、そういった役割を担っています。

そして、こうしたビジネスモデルを実践する核になっているのが、開発した製品に関連する特許権や商標権などの知的財産権です。企画開発力、営業力があり、売る力があるからこそ、ものづくり系の中小企業の協力が得られる。もちろん、それが大前提ではありますが、同社が中心となってユニークな製品で事業を展開できている理由は、それだけではありません。特許権や商標権などの知的財産権の存在が、同社が中心にならなければならないことの裏付けになっているのです。知的財産権の存在が、優れた技をもつ取引先を束ね、同社が主導してビジネスを推進する原動力になっている。そういう意味だったのですね。

ところで、「ネジザウルス」を使うと、どうして頭の潰れたネジでも外すことができるのでしょうか。どういうものが「発明」として特許の対象になるかをイメージするのにちょうどよい例なので、その特徴を簡単に紹介しておくことにしましょう。

一つ目の特徴は、先端にある溝の方向にあります。プライヤーと呼ばれる物を挟むための工具は、通常は先端の内側に横方向の溝（ヨコ溝）が彫られています。ところが、ネジザウルスの先端をみると、溝の方向が違います。ネジザウルスの溝は、縦方向（タテ溝）。先端部でネジの頭

図表１－３－９　「ネジザウルス」の構造の特徴

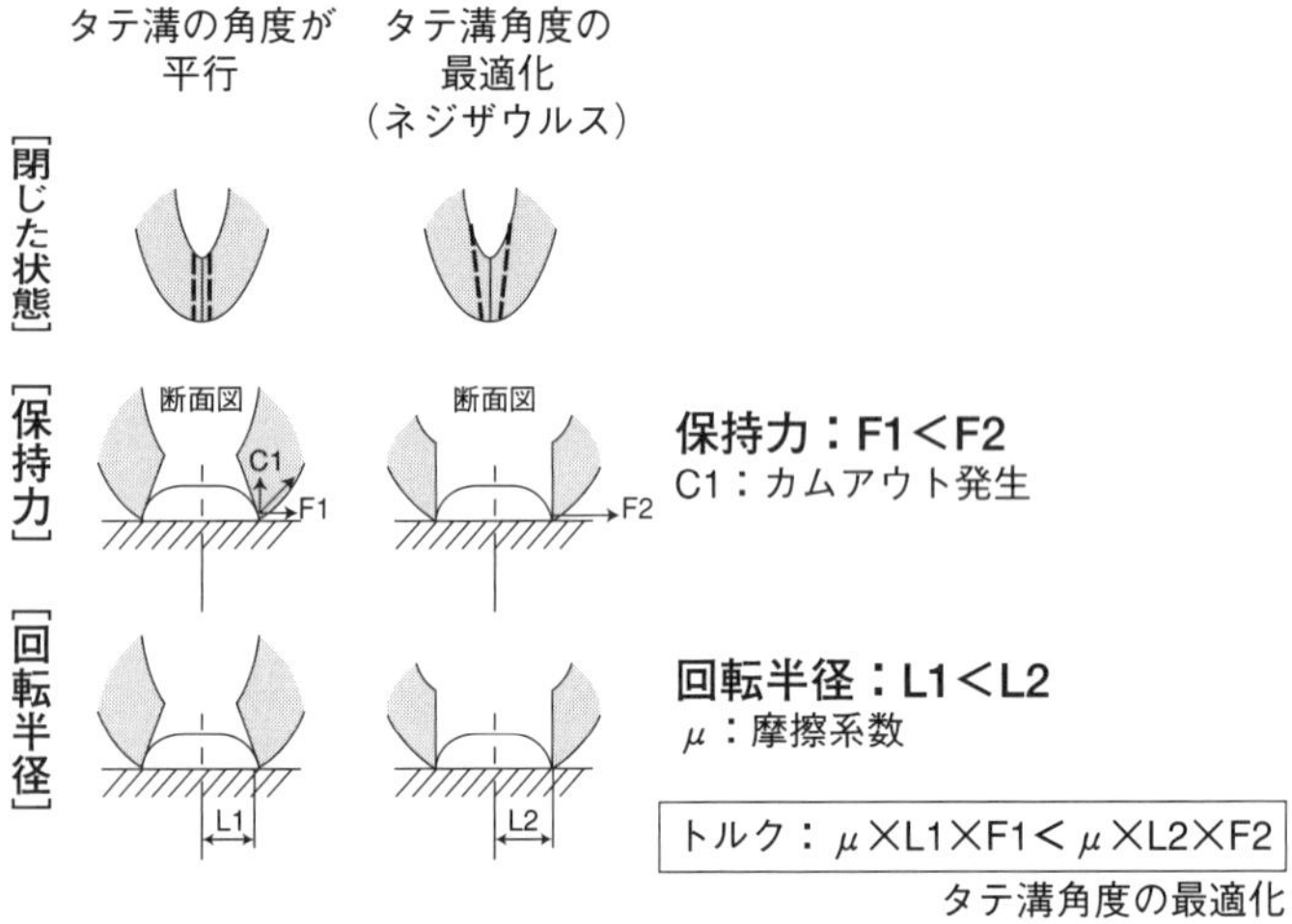

（出所）　公益社団法人発明協会ホームページより。

を挟みつけたときに、溝の凹凸で摩擦が生じ、ネジの頭をしっかりつかむことができる構造になっているのです。

二つ目の特徴は、ネジザウルスの先端を閉じてみるとわかります。先端部から手元側に向かって、重なった両側の先端部が少しずつ離れていくように、傾斜角をもたせた構造になっているのです。この部分に傾斜角を設けず、両側の先端部がピタリと平行に重なる構造だとどうでしょうか。ネジの頭をつかんだ状態では、図表１－３－９の左側にあるように、先端部が開いた形状になってしまいます。これでは、つかんだ力が十分にネジの頭に伝わりません。では、ネジザウルスの構造だとどうでしょうか。ネジの頭をつかんだ状態では、図表

1－3－9の右側にあるように、両側の先端部が平行に近い状態になります。この状態だと力が伝わりやすくなり、ネジの頭をしっかりとつかむことできるわけです。

独特の語り口で聞き手を引き込んでいく高崎社長。この構造を大阪弁でこう説明されます。

「要するに、コマネチですわ」。さすが、大阪の中小企業ですね。

同社の活躍は、二〇一二年一一月に放送された「ガイアの夜明け　町工場からお茶の間へ！～職人たちが大ヒット商品を生んだ～」でも取り上げられました。この番組のなかのあるシーンが、とても印象に残っています。「ネジザウルスGT」の米国版、「バンプライヤーズ」の出荷前のこと。グリップの取付けを委託している高齢のご夫婦がおふたりで営んでおられる工場を、高崎社長が訪問されるシーンです。

奥様が米国仕様の赤色のグリップを取り付けながら、おっしゃいました。

「わたしらがつくったものが海を越えて使われる、仕事の誇りですわ」

仕事の誇り、とてもいい言葉です。後に詳しく考えますが、「仕事に誇りをもつこと」こそが、中小企業が元気になるいちばんの秘訣ではないでしょうか。

「取引先との交渉力を強化する」というはたらきを生かせるのは、価格交渉の場面だけではありません。自社が提示したコンセプト、アイデアを製品としてかたちにしていくために、優れた技をもつ協力者を巻き込んでいく。そうしたビジネスモデルを実践するうえでも、核となるアイデアやネーミングを自社の知的財産として固めておくことは重要です。これも知的財産のはたらきによって、「取引先との交渉力を強化する」一例といえるでしょう。

ところでこのエンジニアのビジネスモデル、あの超有名企業を思わせるものがあります。まるでアップルのことを説明しているように感じませんか。

ユニークな発想に基づく製品というところだけでなく、デザインやプロモーションへのこだわりも、アップルによく似ています。「なにわのアップル」ともいえる同社の動きから目が離せません。

(3)「縦」の関係にも意識を向けて取引先との交渉力を強化する

特許権や商標権などの知的財産権を取得するというと、参入障壁、模倣品対策、といったライバル企業への対策を意識しがちです。ところが、企業の収益に影響を与えるのは、ライバル企業に対する優位性、つまり「横」の位置にある企業との力関係だけではありません。取引先との交渉力、つまり「縦」の位置にある企業との力関係も重要です。近年、特に大企業では、サービス業であっても特許などの知的財産権に関心をもつ企業がふえています。その理由の一つが、自社のサービスで用いるシステムについて、メーカー側に必要な権利を押さえられてしまうと、その企業からシステムを購入せざるをえなくなり、コスト高の原因になってしまうというものです。

これもまた、「縦」の取引関係における知的財産のはたらきを示す一例といえるでしょう。

大企業との価格交渉は、多くの中小企業に共通する悩みです。でも、嘆いてばかりいても始まりません。何かしらの有利な交渉材料をもたなければ。そうしたときに、中小企業でも比較的手に入れやすい交渉の武器が、特許権などの知的財産権です。工場や設備は、お金さえあればだれにでも買うことができますが、特許権を取得できるのは最初にアイデアを考えた者だけです。特許権を取得するのに、企業の規模は関係ありません。

顧客との関係だけでなく、部品や材料を購入しているサプライヤーとの関係も同じです。サプライヤーに重要な権利を握られてしまったらどうなるか。部品や材料の調達先の選択肢が狭まり、原材料費が高くつくことになってしまいます。自社で製造するものでなくても、必須の部品や材料の権利を押さえておくに越したことはありません。

下請けだから「知的財産」など関係ない、というわけではありません。「縦」の関係に目を移してみれば、下請けの企業でも「知的財産」の影響を受けることがあるということを、おわかりいただけたでしょうか。

6 顧客にオリジナリティを伝えるはたらき

次に説明するのも、知的財産の力をはたらかせる方向は、取引関係にある相手の一つです。ここでは、知的財産の力を顧客にダイレクトにはたらかせるパターンについてみておきましょう。

「この製品、いまでは大企業も売っているけれど、もともとは当社が開発したものなんですよ！」

筆者が銀行でベンチャー融資を担当していた頃、ベンチャー経営者から、よくこういうことをいわれました。お気持ちはわかるとして……銀行の一担当者が、どうやってそれを確認すればよいのでしょうか。何度もこうした話を聞いているうちに、だんだん「ああ、またその話か」となってしまっても、仕方ありませんね。

こうしたケースで、自社のオリジナリティの客観的な証拠として使えるのが、特許権などの知的財産権です。自らの発明について特許権を取得し、デザインについて意匠権を取得すれば、その発明やデザインを最初に考えたことの客観的な証明になります。商品名やロゴマークを商標登録しておけば、自社だけが使えるブランドであることの客観的な証明になります。

類似品や競合品が存在していたとしても、こうした知的財産権の存在を示せればどうでしょうか。自社が提供する製品やサービスこそが「本家本元」であること、説得力をもってそのオリジナリティを顧客に伝えることができるのです。

もちろん、いくつもの製品が競合している状況において、価格は製品を選ぶ際の重要な決定要因です。しかし、すべての顧客が安さだけを求めているとは限りません。本物を使っているという安心感や満足感、それを求める顧客だっているはずです。顧客に本物感を伝えたいときに、知的財産権の存在が「本家本元」であることの客観的な証明となってくれるのです。

(1) 特許でオリジナリティをアピールする――株式会社ナベル

一つ目の「他との違いを『見える化』するはたらき」で、株式会社ナベルを紹介しました。同社の永井社長にうかがったお話から、もう一つ紹介しておきましょう。同社が特許出願に力を入れるもう一つの重要な理由について、永井社長は、

「ナベルが新しい製品を開発したとアピールすること。そしてその商品のオリジナリティはナベルにあることを証明するのに、特許が有効なのです」

と説明されています。

おそらくここに込められた意味は、単に、広告宣伝に使いましょう、といったレベルのものではありません。「特許です」といって注目されよう、カタログに「特許出願中」と書いて目立と

う、といった表面的なことをいっているのではありません。顧客に、「この分野の技術を牽引しているのは、やはりナベルだな」「よく似た製品もあるけれども、本物であるナベルの製品を使っておけば安心だ」という印象を与えること、そこに本質的なねらいがあるとみるべきでしょう。

特許権などの知的財産権を生かして、いかにして類似品や競合品より優位に立つことができるか。まず思い浮かぶのは、権利の力で他社の動きを抑えること、つまり、他社のポジションを下げて、自社の優位性を守る。これがオーソドックスな方法です。しかし、他社より優位に立つための方法はそれだけではありません。他社のポジションを下げるのではなく、自社のポジションを上げること。自社が一歩前に出ることによっても、自社が相対的に優位になれるはずです。類似品や競合品が存在していても、「本物はこちら」と顧客にオリジナリティを伝えること。それが効果的に伝われば、他社のポジションを下げなくても、自社のポジションがグッと上がり、優位な立場に立てるはずです。ナベルが特許を出願する理由は、まさにそこをねらって、自社製品の本物感、自社製品に対する安心感を高めることにあるといえるのではないでしょうか。

新製品や新サービスは、画期的なものであればあるほど、使っているうちに改善すべき課題が明らかになってくるものです。次々と現れる新たな課題。そこに最も適切に対応できるのはだれでしょうか。後から市場に参入した企業より、最初に製品やサービスを考え出し、いちばん長く取り組んできている「本家本元」の企業。オリジナリティのある企業。そうした企業こそが、最も期待できる存在であるはずです。

もちろん、自社のオリジナリティを示す手段は、特許権などの知的財産権に限られるものではありません。しかし、筆者が金融機関で融資を担当していた頃に、多くのベンチャー経営者から「いまは多くの企業が扱っているが、最初に考えたのはうちだ」という説明を受けましたが、それが本当なのかどうか、確認する方法がありません。そうしたときに、「特許をとっている」と説明されれば、グッと説得力が増すというものです。

(2) 自社のこだわりを特許で表現する――カブドットコム証券株式会社

次に紹介するのは、三菱UFJフィナンシャル・グループのネット専業証券、カブドットコム証券株式会社です。同社は大手金融機関のグループに属し、東証一部に上場しており、中小企業というイメージの企業ではありません。しかし、現在も従業員数は一〇〇名に満たず、社歴も一九九九年一一月の設立からまだ一〇年あまりと若い企業です。その成長の過程では、業界初のサービスを続々と投入するなど、ベンチャー精神の旺盛な企業として存在感を発揮してきました。

設立以来、特許や商標などの知的財産マネジメントに積極的に取り組んできたことも、同社の特徴です。ネット証券の知的財産マネジメント、ピンとくるでしょうか。「証券会社がどうして

図表１－３－10　kabu.com特許取得および特許出願中の主なサービス

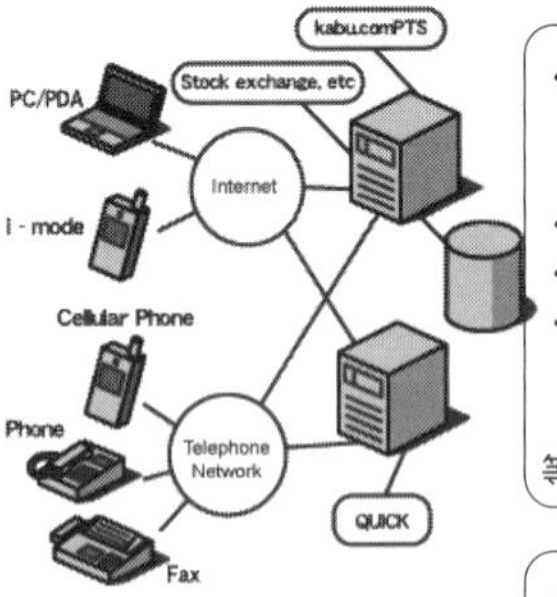

発注システム
- 条件付注文、kabu.navi（カブナビ）「逆指値注文」「W指値®」等多様な注文方法に関する技術
- 同時一括発注
- 情報画面からの注文受付
- 発注条件訂正　±指値®（プラマイさしね）等 発注時点では未確定の「始値・終値・約定価格」を基準とした条件付注文に関する技術

等

業務管理・口座開設・サポートセンター等
- 預り資産の管理方式に関して「預り金銭高自動維持」に関する技術
- 書類受入れシステム
- 証券仲介業関連 口座開設連携、サポートセンター連携
- SLA（注文精査）関連

等

情報サービス
- kabu.call（カブコール）等、リアルタイム通知
- 音声情報通知

等

（出所）　カブドットコム証券㈱Webページ掲載の知的財産関連情報より。

特許？」と意外感をもたれそうですが、二〇〇四年に経済産業省が「知的財産情報開示指針」を公表してから毎年知的財産報告書を発行するなど、同社は知的財産マネジメントに熱心に取り組んできているのです。

証券会社の「知的財産」、どういうことをねらっているのでしょうか。

ネット専業証券という業態は、一九九九年の証券手数料の自由化、インターネットの普及に伴って、この一〇年あまりで急速に拡大してきました。その過程で繰り広げられたのが、激しい手数料の引下げ競争や、外国株やデリバティブなどへの取扱商品の拡大です。つまり、ネット専業証券の各社で何が異なるかといえば、手数料と取扱商品。新聞や雑誌に取り上げられるときも、各社が比較されるのは手数料体系や取扱商品の違いばかりです。

そうしたなかで、同社には他のネット専業証券と大きく異なる特徴があります。業界のなかでは唯一、フルオープンなシステム基盤を自社で開発、運営しているということです。

自社開発であるがゆえに、自由なシステム設計が可能です。いろんなことができるわけです。これまでに、逆指値、±指値（プラマイさしね）、W指値（ダブルさしね）といった新しい注文手法をはじめ、注文の取次時間が遅延しないことを保証するサービス品質保証（SLA）など、システム技術を生かした独白のサービスを次々と開発し、顧客に提供してきました。

こうした新サービスは、やみくもに開発されてきたものではありません。顧客が適切にリスクを管理すれば利益を伸ばすことにつながるという「リスク管理追求型サービス」のコンセプトのもとで、顧客のリスク管理を支援するサービスの開発を続けています。「リスク管理追求型サービス」というポリシーに基づく新サービスの開発へのこだわり、そしてその取組みを可能にするシステム技術こそが、同社が他のネット専業証券と大きく異なる特徴です。

ところが、ネット専業証券というと手数料競争のイメージが強く、経済誌やマネー雑誌などで他社と比較されるのは、手数料体系や取扱商品ばかりです。他社にはない独自の注文手法、ましてやその裏付けとなるシステムの特徴にスポットが当てられる機会など、なかなかめぐってきません。ならば、自分たちで機会をつくりだしてしまおう。特許取得や知的財産報告書の公表といったイベントをきっかけに、システムやサービスのオリジナリティを「知的財産」として顧客にPRする。ネット証券の特許取得は珍しい話題なので、メディアも取り上げてくれます。このようにして、カブドットコムはシステムにこだわりがある、他社とはシステム開発力が違うのだ、と顧客に伝えること。同社のポリシーを顧客に伝えることが、特許出願に力を入れる大きな目的の一つなのです。

こうした目的に沿って、毎年知的財産報告書を発行し、ホームページにも知的財産に関する情報を開示するページを設けています。特許権を取得した際には、タイムリーにプレスリリースを行って、サービスの新規性を広く顧客に伝えることに努めてきました。システムのカブドットコム。新サービスの提供に熱心なカブドットコム。そういったイメージで顧客を引き付けられれば、まずはねらいどおりです。

(3) 知的財産の情報で本物感、安心感、満足感を与える

紹介した二つの事例から、知的財産の力を顧客にはたらかせること、顧客にオリジナリティを伝えることの意味を理解いただけたでしょうか。

読者の皆様も、商品のカタログやパッケージに、「特許取得」「特許出願中」と記載されているのを見かけたことがあるでしょう。新しさを強調して人目を引く、まねできないとライバル企業を牽制するといった目的で、カタログやホームページに「特許取得」「特許出願中」と記載する手法は、さほど珍しいものではありません。

しかし、ナベルやカブドットコム証券の例にみられる「伝える」ことの意味は、そういうレベルの問題ではありません。PRや牽制という表面的な目的だけでなく、知的財産に関する情報によって、顧客に本物感や安心感、満足感を与えること。そうした顧客の内面へのはたらきかけこそが、本質的なねらいなのです。

そして、顧客の内面にはたらきかけるためには、唐突に知的財産権を一、二件取得して、カタログやホームページに記載するというだけで十分ではありません。顧客の心を動かすためには、しっかりしたポリシーと、継続的で地道な取組みの裏付けが必要なのです。

筆者が委員として参加したある公的プロジェクトで、次のような話がありました。

中小企業が知的財産に関する情報を金融機関に開示することによって、資金調達を円滑にしようというプロジェクトです。支援対象となる中小企業の知的財産に関する開示資料を整理し、金融機関の方の意見を反映しながら、融資を受ける場面に生かすための資料を取りまとめました。

その支援対象の一社は、大企業や研究機関からの委託で特殊な装置を開発している中小企業でした。その企業について作成した資料の一部が、金融機関の方の目に留まったのです。その資料とは、その企業がこれまでに出願してきた特許のリストです。そこには、その企業が大企業や研究機関と共同で出願してきた多数の特許と、それぞれの特許がどの製品に関連するものかがリストアップされていました。そのリストをみたある地域金融機関の方が、「こういう資料をみると、この企業の技術が大企業や研究機関から信頼され、開発実績を積み重ねてきたことがよく理解できますね」とおっしゃったのです。

注目されたのは、技術内容そのものではなく、同社が積み上げてきた実績や、大企業などとの協力関係です。

銀行は、技術に対してお金を貸すわけではありません。企業に対してお金を貸すのです。だから、融資を受けるために必要なことは、技術そのものへの信頼ではなく、その技術を備えた企業に対する信頼です。

企業に対する信頼を得たいならば、個々の特許の内容うんぬんより、取り組んできた「歴史」を示すことが効果的です。ぶれることなく、開発への取組みを続け、その成果を企業の財産として蓄える努力を続けている。そしてその取組みが、パートナーとの関係構築や、新製品の発売という実績に結びついてきた。それをしっかりと伝えることです。先に「見える化」の例として、取得した特許権などを製品のうえに示す、株式会社オーティスの「特許マップ」を紹介しましたが、時系列に沿ってこれまでの取組みを整理するのは、さしずめ「特許年表」とでも呼べるものです。「特許年表」は、継続的に知的財産マネジメントに取り組んできた企業にとって、自社に対する信頼を高めるのに有効な手段になるのではないでしょうか。

7 パートナーとの関係をつなぐはたらき

さて、次にみていくのは、知的財産の力をパートナーにはたらかせるパターンです。

自社で開発した技術や自社のブランドについて、なぜ特許権や商標権などの知的財産権を取得することが必要なのでしょうか?

そう尋ねると、おそらく多くの企業が「他社に使わせないため」と答えるでしょう。いまから説明するのは、その方向を逆にしたパターンです。「他社に使わせないため」ではなく、「他社に使ってもらうため」に知的財産権を取得する。他社に使ってもらい、他社の力を生かして、ビジネスの可能性を広げるためです。

さっそく、具体例からみていくことにしましょう。

(1) 素晴らしいパートナーを得るために――海洋建設株式会社

「当社にとって、特許とは、他人を攻撃するためのものではなく、素晴らしいパートナーを得るためのものです」

「当社の特許は、お世話になった方々への感謝の印でもあります」

筆者が参加したある研究会での、海洋建設株式会社の片山真基社長（当時専務）のプレゼンテーションのなかでのご発言です。

特許権は、他人の行為を差し止めたり、損害賠償を請求したりできる排他的な権利です。それがなぜ、「他人を攻撃するためのものではない」のでしょうか。そして、「お世話になった方々への感謝の印」とは何を意味しているのでしょうか。

岡山県倉敷市にある海洋建設株式会社の創業者、片山敬一会長（前社長）は、元漁師、元潜水士というユニークな経歴の持ち主です。岡山県はカキの養殖が盛んですが、潜水をしているうちに、あることを思いつきました。カキ筏の下には、稚魚が多い。であれば、貝殻を用いた魚礁をつくれないだろうか、と考えたのです。そこから、貝殻の種類や魚礁の構造について試行錯誤を続け、継続的な調査によってデータを収集していきます。そしてついに、メッシュ状の容器に貝殻を詰めた基質を組み合わせた人工魚礁、「シェルナース」の製品化に成功しました。現在は、全国漁業協同組合連合会（ＪＦ）が認定したＪＦブランド商品「ＪＦシェルナース」として、ＪＦの協力を得ながら全国に展開し、二八都道府県に、約九〇〇〇基が設置されるまでに至っています。

魚のすみかとなる魚礁は、コンクリート製のものが一般的です。これに対して、シェルナースは貝殻を用いていることが特徴です。貝殻が詰められた基質を鉄骨に取り付け、さまざまな形状に組み立てて海に沈めます。すると、貝殻には魚のエサになるエビやカニがすみつき、エサをねらって小魚が集まり、その小魚をねらって大型魚が集まります。こうして生態系が形成され、水産資源の回復に役立つ。それがシェルナースという製品です。貝殻を用いることによって、コンクリート製の人工魚礁とは比較にならないくらいのエサが集まるそうですが、ただ貝殻を沈めておけばよいというものではありません。シェルナースは、基質の本数や取付け間隔などの構造が一つひとつ異なっています。基質の組合せによってつくられる空間の大きさを調整することで、小魚、大型魚など地元ニーズにあわせた設計をすることができるのです。

図表１−３−11　シェルナース基質

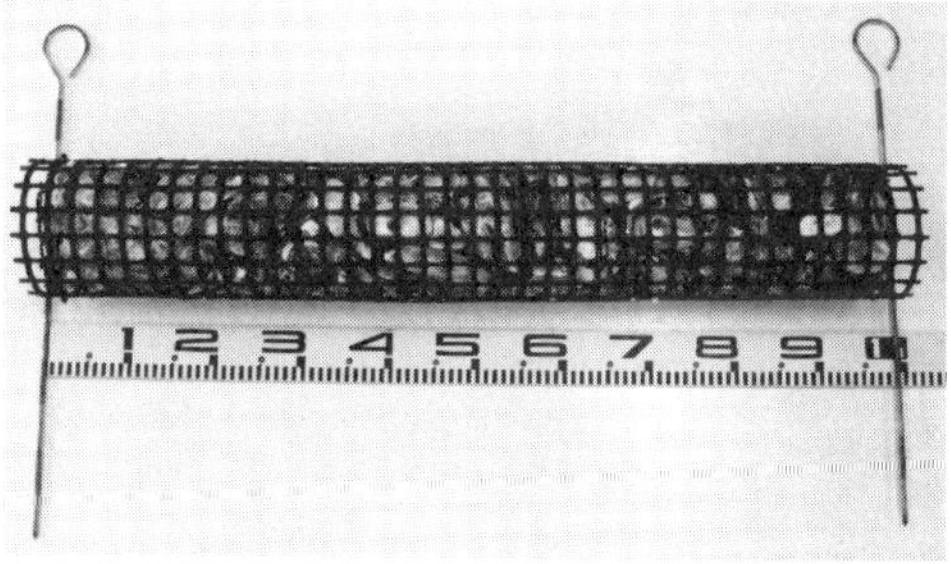

図表1－3－12　シェルナース基質製作の様子

このシェルナースのメリット、水産資源が豊かになることだけにとどまりません。これまでは漁業系副産物として処分に困っていた貝殻を、有効利用することが可能になるのです。また、基質に貝殻を詰める作業は、地元の漁師やその家族が担当します。漁港のある町の仕事の増加にも貢献するわけですね。魚の水揚げがふえて漁業の活性化にプラスになるというだけでなく、地域に多くの効果を生み出すビジネスモデルを実現しているのがシェルナースなのです。

ところで、シェルナースの開発に着手した当初、県の担当者からあるアドバイスを受けたそうです。「魚礁を設置した後も調査を行って、データを集めておいたほうがいい」と。このアドバイスが、後々効いてくることになりました。アドバイスに従って、さまざまな現場で収集してきたデータは、いまでは同社にとって貴重な財産になっています。環境が異なる現場、異なる魚種のニーズに対して、どのように基質を組み立てればいいかを決めるのに、こうしたデータが欠かせないからです。

データを収集するための調査は、水産関係の研究所や大学の協力を得て行われ、シェルナースの開発も、さまざまな水産関係者の協力を得ながら進められてきました。社外の協力を得て進められているのは、調査や開発だけではありません。シェルナースの販売窓口となっているのはJFです。設置の際には、現地の漁師やその家族が貝殻を詰める基質づくりの仕事に携わり、組立ては専門のメーカーが担当し、施工は公共事業として地元のゼネコンが担当することが通常です。このように、シェルナースは多くの関係者の協力を受けながら開発が進められ、事業展開にも多くの関係者がかかわっているのです。

そして、特許を「お世話になった方々への感謝の印」と位置づける意味がここにあります。多くのパートナーの協力を得て、このような製品を開発することができた。それが特許として、世界初のものであると認められた。皆さんのおかげでここまで来ることができた。そういう感謝の気持ちを、特許という到達点によって示すことが、「お世話になった方々への感謝の印」という意味なのです。

海洋建設にとっての知的財産は、特許というかたちになった、シェルナースの構造に関する技術だけではありません。これまでの調査で収集してきたデータも、同社にとっての貴重な知的財産です。こうした同社の知的財産を核にして、多くの水産関係者がシェルナースの事業展開にかかわっているのです。このユニークな製品を表現する「シェルナース」の商標も、「JFシェルナース」として販売窓口であるJFとの関係を結ぶ重要な役割を果たしています。知的財産は「他人を排除する」ためにあるのではなく、「パートナーとの関係をつなぐ」ためにある。そのようにとらえていることが、同社の周りに人が集まり、約二〇人の社員でも、全国に事業を展開できる支えになっているといえるでしょう。

(2) 精密加工技術を得意とするD社

もう一社、高度な超微細加工技術を得意とする中小企業、D社の例を紹介します。D社の技術は応用範囲が広く、事務機器、医療機器、バイオ関連など、さまざまな分野のニーズに対応して、製品を開発しています。

D社は、創業以来、独自の技術を特許出願せず、ノウハウとして社外には公開しないことを基本方針にしていました。特許を出願すると、技術内容を公開しなければなりません。そのため、特許権を取得できたとしても、その権利をうまく回避しながら、他社にアイデアをまねられてしまうおそれがあるためです。そうしたリスクを回避するためには、むしろ特許を出願しないほうがよい。工場内で使う製造方法などのように、隠しておけばまねできない可能性の高い技術であるならば、あえて特許を出願しないという戦術をとればよいのです。D社の場合も、高度な加工技術なので、その戦術を選択したわけです。

ところが、中小企業がこの戦術をとった場合、別の問題が生じてしまうことがあります。中小企業ですから、人の数も工場の設備も、決して余裕があるわけではありません。あれも、これもと、なんでもこなせるわけではなく、人や設備の制約から、どうしても扱える製品の種類が限られてしまいます。その結果、特定の製品に依存することになってしまいやすい。D社もそういう状況に陥ってしまいました。そして、ショッキングなことが起こります。売上げの過半を依存していた主力製品の注文が、相手側の事情で突然、打ち切られるという事態が発生したのです。

危機を乗り越える過程で、D社の社長は考えました。中小企業がノウハウを社内だけにとどめておくというビジネスモデルにこだわると、特定の製品に依存しやすくなるという問題に直面してしまう。そこで、ビジネスモデルを大きく転換する決断をすることになりました。開発した独自技術を他社に使わせないのではなく、他社と一緒に使おう、という発想の転換です。製造ラインを自社に設けるのではなく、発注元である相手方と一緒に、製造を担当するジョイントベンチャーを設立しよう。相手方の工場に製造ラインを設けて、技術ライセンスや技術指導をするスタイルでいこう。こういうビジネスモデルなら、製品のニーズが急増しても、製造に社内のリソースが割かれてしまう心配はありません。開発に特化して、多くのプロジェクトを並行して進めることが可能になります。このビジネスモデルであれば、自社の技術を生かした事業領域を広げていくことが可能になります。

このビジネスモデルの転換にあたって必要になったのが、発注元に技術を持ち逃げされない仕組み、発注元との提携交渉の武器となる材料でした。そこでD社が注目したのが「特許」です。

しっかり特許を押さえて自社のポジションを固めておけば、安心して発注元に事業提携を提案できる。そして、相手方の社内でも、「特許がありますから……」と社内を説得しやすい。こちらが中小企業、相手方が大企業であれば、なおさらのことです。大企業の社内で「D社にノウハウがあるので提携を……」と説明するだけでは、「わが社は○○億円も研究開発費を使っているのに、どうして中小企業からノウハウの提供を受けなければならないんだ！」といった話になってしまいかねません。そこを「特許があります」と説明すれば、コンプライアンスにうるさい大企業のこと、「では法律的に問題のないように……」ともっていきやすいですから。

こうしてD社では、特許出願に力を入れるようになりました。

本来、特許とは、出してからどうするかを考えるというものではありません。事業を組み立てるのに必要だから、ビジネスモデルを実現するのに必要だから、中小企業の限られた予算を割いて特許を出願する意味が生じるのです。これまでほとんど実績のなかったD社が特許を出願するようになったのは、ビジネスモデルがそれを必要としたからです。特許をとれば何かいいことあるかなあ、といった安易な発想ではありません。ビジネスモデルを考え抜いたうえで、必要だから特許を出願する。ここが一つ目の重要なポイントです。

そしてもう一つ、D社の例で注目したいのが、特許を出願する目的です。D社はなぜ、特許を出願したのでしょうか。他社に使わせないため？　違いますね。他社に使わせるためです。自社の技術を「他社に使わせないため」ではなく、「他社に使わせるため」に特許を出願する。方向がまったく逆です。特許を出願し、自社のポジションを確保してあるからこそ、安心して「一緒にやろう」と提案できるのです。特許に限った話ではありません。意匠でも、商標でも、自社のポジションを確保するという意味ではまったく同じ。自社に生まれた知的財産を、知的財産権というかたちにすることによって、自社にないリソースをもったパートナーとの提携のチャンスが生まれる。つまり、さまざまな選択肢、ビジネスの可能性を広げることが可能になるのです。

(3) 知的財産のはたらきでビジネスの可能性を広げる

「オープン・イノベーション」という言葉を耳にする機会が多くなっています。

これまでわが国の多くの企業がとってきたのが、自前主義と呼ばれるやり方です。自社のもつ技術やノウハウにこだわり、自社だけの力で新製品を開発する。なんでも自社だけでやろうとするのが、自前主義です。

これに対して、自社のリソースにこだわらず、他社のリソースも積極的に活用しよう、他社の力も生かすことによって、より革新的な製品を生み出そうというのが、オープン・イノベーションの考え方です。技術のオープン化が進むＩＴ分野を中心に、近年はさまざまな分野でこうした考え方が広がりをみせるようになりました。

オープン・イノベーションの考え方は、大手メーカーが進める選択と集中、研究開発の効率化といった文脈で語られることが多くなっています。しかし、他社のリソースを有効に活用したいのは、大企業だけではありません。むしろ、リソースに限りのある中小企業にこそ関係のある話です。また、他社のリソースを活用したいのは、製品開発の場面に限られるものでもありません。生産、販売など、自社に不足している要素を補うような提携は、ビジネスの可能性を広げるのにおおいに役立つものです。

実際、これまでに紹介してきた中小企業の多くも、他社との提携で成果を上げています。生産のアウトソースしかり、販売代理店の活用しかり。「オープン・イノベーション」と大上段に構える必要はありません。イノベーション、つまり、製品開発の場面に限って考える必要もありません。元気な中小企業は、ごく自然に他社と効果的な協力関係を築いているのです。

そして、他社との協力関係を築く際に効いてくるのが、知的財産権の存在です。自社の知的財産をもっていかれない対策が講じられているから、安心して他社との提携の話を進められる。権利を押さえていることによって、提携先の社内でも「あの会社と組むしかありません」と説得しやすくなる。権利の存在が交渉の武器となり、自社の希望する条件を引き出す材料にもなる。知的財産権を押さえてあるから、提携を進めやすくなるということです。自社の強みである知的財産にかたちをつけ、コントロールできる状態にしてあるからです。これができていないと、他社との提携を躊躇し、ビジネスチャンスを潰すことになってしまいかねません。

知的財産を「囲い込む」「他社に使わせない」という発想にとらわれないこと。知的財産の「利用を促進」し、「他社にも使ってもらう」ことも考えてみましょう。自社にできることに限界がある中小企業は、特に意識したい発想です。それを可能にするには、まず、自社の強みとなる知的財産にかたちをつけ、コントロールできる状態にしておくこと。知的財産をしっかりとマネジメントしておくことが、他社のリソースを生かして、新しいビジネスの可能性を広げていくことに役立つのです。

8 顧客の安心を保障するはたらき

知的財産の力を外部にはたらかせる、最後のパターンです。先に説明した「顧客にオリジナリティを伝えるはたらき」と知的財産の力をはたらかせる方向は同じですが、顧客に安心感を与えることが目的になります。

具体例を示したほうがわかりやすいので、さっそくみていくことにしましょう。

(1) 特許紛争に顧客を巻き込まないように――ゼネラルパッカー株式会社

愛知県北名古屋市にあるゼネラルパッカー株式会社は、高ガス置換技術などの技術力を武器に、多くの分野の袋詰用包装機械でトップシェアを誇る包装機械メーカーです。かつおミニパックの包装機械の国内市場シェアはほぼ一〇〇%、かち割氷、製粉、サプリメントなどの分野においても、トップメーカーとして強さを発揮しています。

ところで、この包装機械の市場では、メーカー別のシェアにおもしろい傾向がみられます。用途ごとに特定のメーカーの市場シェアが、非常に高くなっているということです。

ゼネラルパッカーをみると、かつおミニパックの市場はほぼ独占状態にあるものの、レトルト食品向けなど、同じ包装機械でもほとんど手がけていない分野が存在します。そして、同社は積極的に特許出願を行っています。

ということは、こういう仮説が成り立つのではないでしょうか。

「特許を保有している分野では、他社が参入できないので独占的なポジションを築いている。逆に、他社に特許を押さえられてしまった分野にはなかなか参入することができない」

教科書どおりの考え方ですね。しかし、そんなに理屈どおりにいくものでしょうか。この仮説を、そのまま同社の梅森輝信社長にぶつけてみました。

「そういうことではないですよ。いろいろ歴史的な経緯があって……」

そして、次のような経緯をお話ししてくださいました。

戦後、日本で使われている包装機械は、輸入品がほとんどだった。そして、輸入された機械の保守メンテナンスを行うのが国内企業の役割であったものの、国内企業も次第に力をつけて、自社開発の包装機械を提供できるようになった。そのため、かつおぶしメーカーから包装機械の開発依頼を受けた当社は、かつおぶし用の包装機械に強くなった。こうした経緯で、それぞれのメーカーの得意分野が分かれていった。そして、長年の取引によるノウハウと顧客との信頼関係の蓄積が、それぞれのメーカーの強みとなり、高いシェアの実現につながっている、ということだそうです。

ここで率直な疑問が生じます。であれば、特許なんて必要ないのでは？

「いや、それにも事情があるんです」

経済が高成長を続けているうちは、それぞれのメーカーが得意分野の仕事に集中していれば、成長を続けることが可能です。ところが、市場が成熟してこれまでのように売上げが伸びなくなると、既存の分野にとどまっているだけでは成長を続けることがで

図表1－3－13　ゼネラルパッカー㈱の給袋式自動包装機

きません。では、他の分野の包装機械にも手を伸ばしてみようか。ところが、それぞれの分野では、長年の取引とノウハウの蓄積に基づく強固な信頼関係で、他のメーカーが顧客を囲い込んでしまっている。そこに食い込むために何か方法がないだろうか。そうやって、これまでは比較的平穏だった包装機械の市場に緊張感が生まれてきました。

そこでリスク要因としてクローズアップされてくるのが特許紛争です。他の分野をねらっているライバル企業に、自らの製品に必要な特許を押さえられ、顧客に警告書でも送付されようものなら、強固であるはずの顧客との信頼関係にヒビが入ってしまいかねません。ゼネラルパッカーの製品を使っていれば大丈夫だ、という顧客の安心を保障するためには、他社特許によって顧客が紛争に巻き込まれないための対策が必要です。そのためには、自社製品に必要な技術を自らが特許出願しておくこと、そうすれば、後からライバル企業に特許を取得されるおそれはありません。

これが、同社が特許に力を入れるようになった大きな理由です。自社製品を顧客に安心して使ってもらうため。品質保証的な観点から、自社製品に関連する知的財産を適切に保護すること。こうした観点から、同社では、製品開発に必要不可欠な業務の一部として、特許出願などの知的財産マネジメントに力を入れているのです。

(2) あえて「顧客の安心」「品質保証」と位置づける意味

他社に特許をとられないため——知的財産の専門家の間では、こうした目的で特許を出願することを「防衛出願」、こうした目的で取得した特許を「防衛特許」と呼ぶことが一般的です。しかし、ここではあえてそれを、「顧客の安心」「品質保証」という観点からそのはたらきを位置づけてみました。

ゼネラルパッカーのような企業の強みをどのようにみるべきか。同社の競争力の本質が、「顧客との信頼関係」にあるということが重要なポイントです。その強みを固めることこそが、特許を出願する目的であり、その意味を「顧客の安心」「品質保証」と表現すれば、経営者はもちろん、営業、生産、品質管理などの現場の担当も含めた、全社的な問題と位置づけることができるでしょう。逆に、「防衛出願」「防衛特許」といってしまうと、知的財産の担当だけに任せておけばいい問題と判断されてしまいかねません。

むやみに専門用語を持ち出さないこと。専門性の高い仕事であっても、できるだけ他部門にも通じる言葉で表現すること。知的財産の分野に限ったことではありませんが、社内における言葉の使い方は重要です。

第4章

中小企業を元気にする秘訣

知的財産の八つのはたらきについて、具体例をあげながらみてきました。いかがでしたでしょうか。知的財産のイメージが、いままでよりも広がりのあるものに変化していませんか。

「この会社の例は、わが社の悩みにも共通する。さっそく始めてみよう」
「この会社の例は、取引先X社の参考になりそうだ。さっそく提案してみよう」

参考になる例を生かして行動に移すのはよいことですが、もう少し待ってください。部分、部分を改善しても、全体にどういう影響が出るかわかりません。八つのはたらきを説明しましたが、それらはどのようにかかわり合っているのでしょうか。企業の強みをかたちづくるのにそれぞれがどのようにはたらいているのか、全体像をしっかりとみておくことにしましょう。

1 知的財産で顧客と企業を結びつける

知的財産マネジメントとは、どういうものだったでしょうか。第2章で確認したことを、もう一度振り返っておきましょう。

知的財産を①つくり、②かたちをつけ、③外部にはたらかせる。

この三つのステップで進めるのが、知的財産マネジメントでした。

(1) 知的財産で顧客とつながる

まず、知的財産を「つくる」ステップです。

知的財産をつくるとは、どういうことでしょうか。それは、製品やサービスをよりよいものにするために、機能やデザインなどにさまざまな工夫を加えたり、ネーミングやロゴマークが顧客に浸透するように努めたりすることです。そうした活動の成果が、他とは異なる製品やサービスの特徴になり、顧客に訴えかけるポイントになります。それを顧客が「いいね！」と感じれば、顧客とつながるルートが結ばれ、顧客に選ばれることになるわけです（図表1－4－1）。

数ある競合のなかから、顧客に自社の製品が選ばれた。選ばれるからには、何か理由があるはずです。その「選ばれる理由」となるのが、他との違い、自社製品の特徴につながる知的財産です。「知的財産」と特別に意識をしていなくても、ほとんどの中小企業で

図表1－4－1　知的財産で顧客とつながる

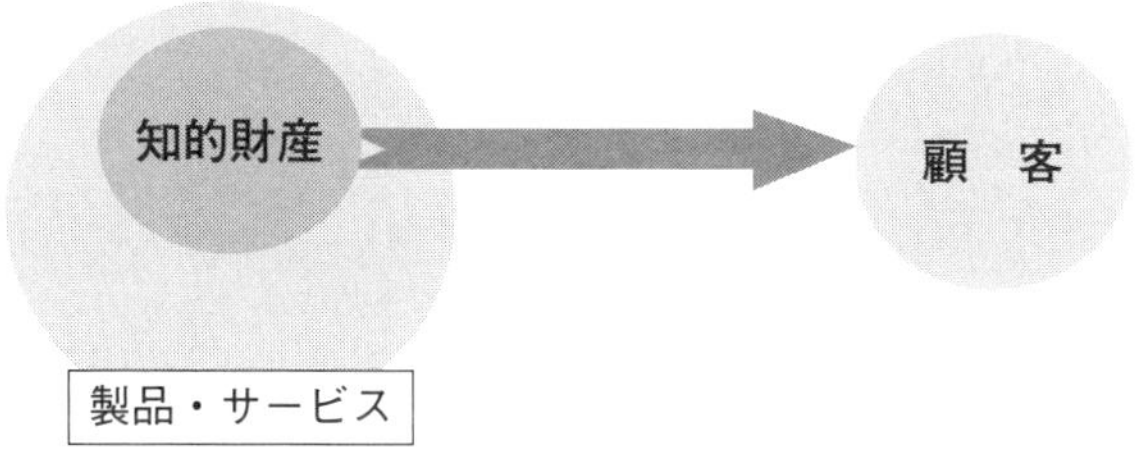

は、生き残りをかけてこうした努力が行われているはずです。

製品やサービスに工夫を凝らし、顧客に選ばれる。

これを言い換えれば、「知的財産をつくって、売る」となります。

こうやって、「選ばれる理由」をつくりだして、顧客とのルートをつないでいくことが、企業が生き残っていくために不可欠の条件です。

(2) あるはずの知的財産が生かされていない

ところが、ビジネスとは、そんなに簡単なものではありません。ビジネスを動かしているのは「人」です。理屈どおりに動かないのが人間の特徴です。また、頑張っているのは、自分の会社だけではありません。思いどおり、計画どおりにはいかないのがビジネスというものです。

たとえば、自社の強みがどこにあるのか、そもそも売り込むべき強みを、自分自身でちゃんと理解できているでしょうか。そこを理解していないと、そもそも顧客に対して、どこをアピールして売り込んでいけばいいのかがわかりません。

ベテラン社員の職人技が、わが社が選ばれる理由だとします。では、その社員が退職してしまった後は、どうなってしまうのでしょうか。

思いどおりにいかないパターンは、ほかにもまだまだあります。自社の製品を顧客に売っていこうとしたところ、ライバル企業がよく似た製品を発売して、顧客との間に割り込んできてしまった。サプライヤーに首根っこを押さえられているので、原価が高くなり、顧客の求める値段で製品を提供できない。よい製品をつくっているはずなのだが、営業力がないので顧客に知られないままに終わってしまう……。

図表1－4－2　あるはずの知的財産が生かされていない

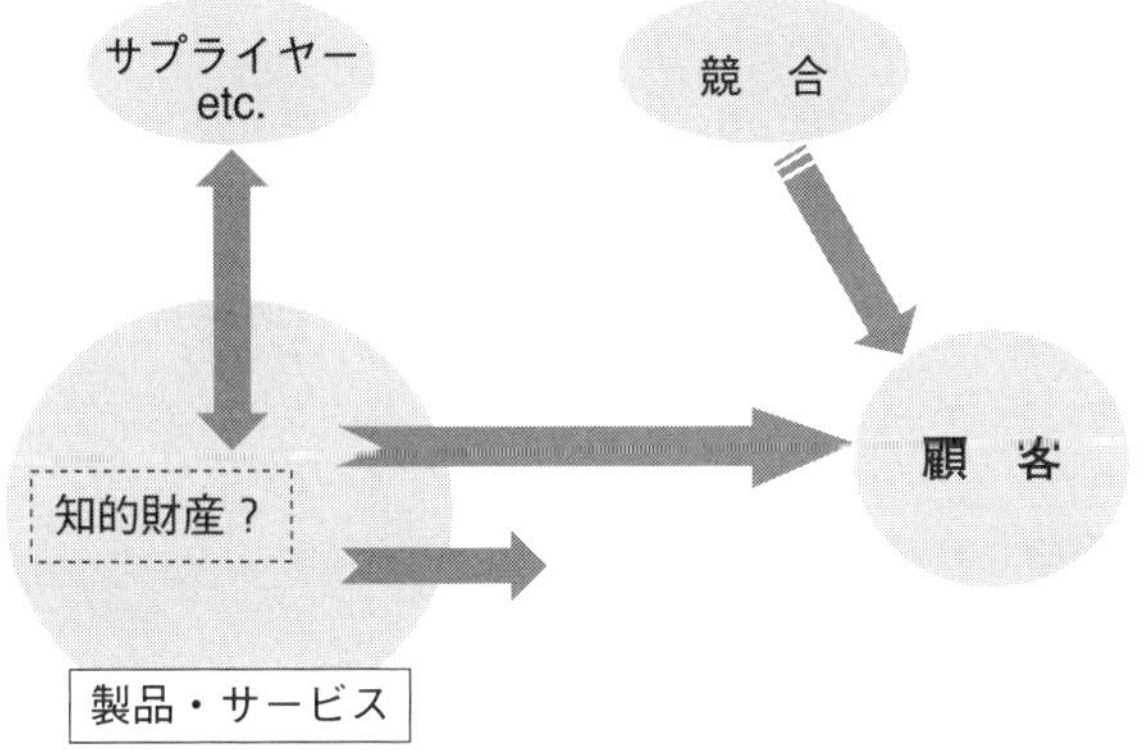

　これらのケースでは、いずれも顧客に選ばれる理由となる、なんらかの知的財産が存在しているはずです。にもかかわらず、それが顧客とのルートをつなぐのに十分に機能していない。つまり、そこにあるはずの知的財産が、十分に生かされていない状態です（図表1－4－2）。

　せっかくよい製品やサービスを準備できたとしても、こうした問題が生じてしまうと、顧客までのルートをつなげることができません。顧客に届かなければ、他とは違う素晴らしい製品やサービスがあったとしても、それを企業の収益に結びつけることができないのです。

社内に生まれているはずの知的財産、製品やサービスの特徴に結びつく知的財産の力で、顧客へのルートをつなげること。この流れを少しでもよくしようというのが、知的財産マネジメントの本質的な目的です。

「知的財産を囲い込む」ことが、知的財産マネジメントのゴールではありません。いくら知的財産を囲い込んだところで、それが顧客に届かないことには、何も始まりません。顧客の手に届かないと売上げにはつながらず、企業の収益力に表れてこないからです。

他との違いである知的財産を生かして、「顧客を囲い込む」こと。囲い込むべきは「顧客」であって、「知的財産」ではありません。「知的財産をどのように囲い込むか」ではなく、「顧客を囲い込むために、どのように知的財産を生かすか」というアプローチで考える。顧客を囲い込み、売上げや利益につなげてこそ、知的財産マネジメントが経営に役立つものだといえるでしょう。

(3) 知的財産の八つのはたらきで顧客へのルートをつなぐ

では、知的財産を生かすことによって、顧客へのルートをどのようにつないでいくことができるのでしょうか。また、製品やサービスが顧客に選ばれるルートをつなぐのに、知的財産の八つのはたらきは、どのように機能するのでしょうか。

図表1－4－3　知的財産マネジメントの全体像

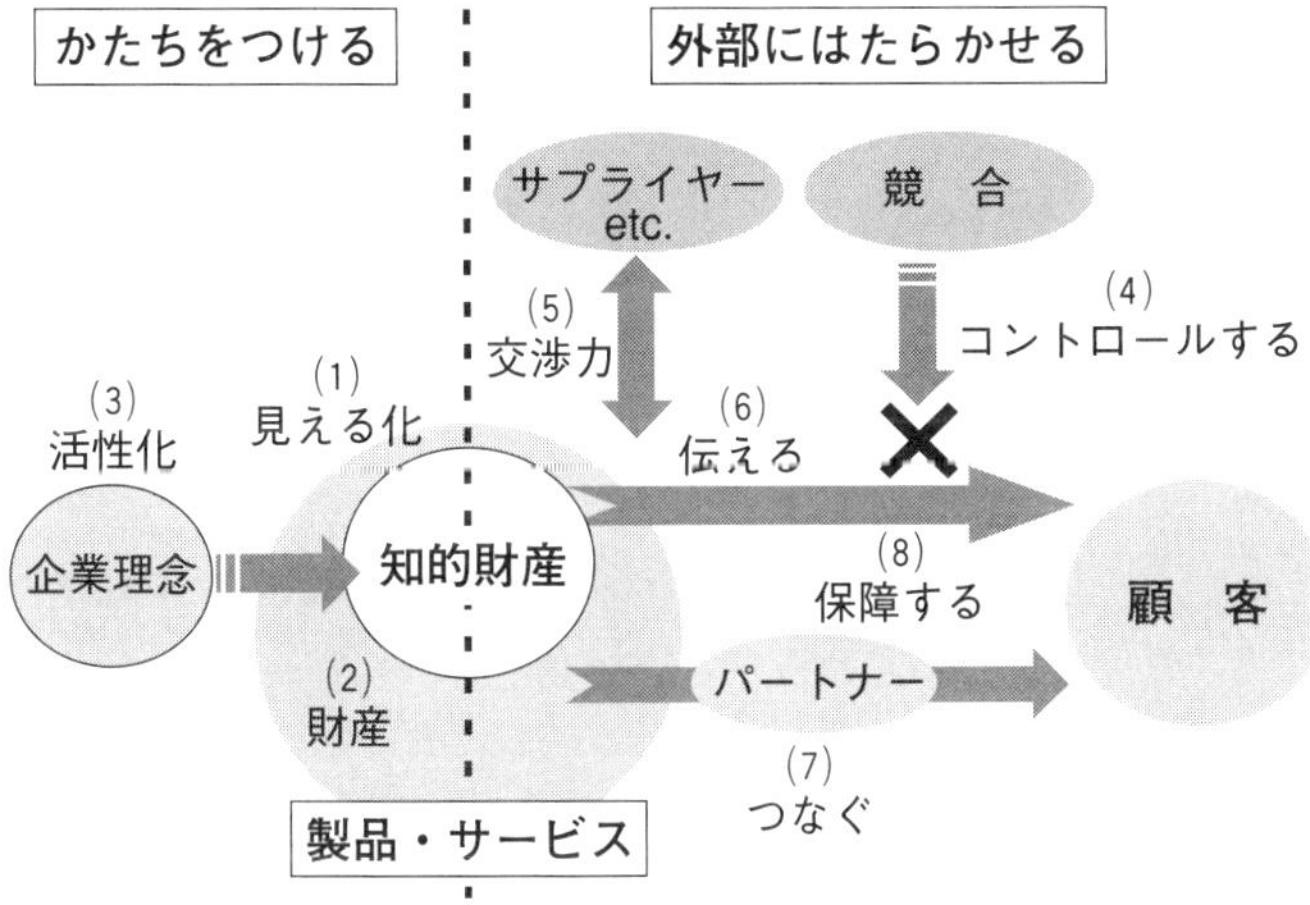

その全体像を示したのが図表1－4－3です。この図にあわせて、知的財産マネジメントで実現しようとしていることの全体像をみていくことにしましょう。

企業は、自らが提供する製品やサービスがよりよいものになるように、そして顧客に選ばれるように、日々、さまざまな創意工夫に努めています。より便利な機能。より優れた性能。よりセンスのよいデザイン。より満足感の得られるブランド。それらを目指した創意工夫から生まれるのが、知的財産です。そして、その知的財産に裏付けられた機能やデザイン、ブランドがきっかけとなり、製品やサービスが顧客に選ばれ、多くのファンを獲得していくことになります。このようにして生まれた顧客との結びつき、これこそが企業の競争力の支えになるものです。

競争力がある企業はほとんど例外なく、こうした顧客との強い結びつきをつくる力を備えています。世界で時価総額トップを争う企業、米国のアップルを考えてみると明らかでしょう。機能やデザイン、ブランド力に多くの顧客が引き付けられ、新製品を発売するたびに長蛇の列。顧客との強い結びつきこそが、同社の最大の強みです。日本で時価総額が最大のトヨタも同様です。先進的な技術、長年にわたり蓄積された信用の表れであるブランド力が、トヨタファンとの強い結びつきをつくる力になり、同社の安定した業績を支えています。

ＢtoＣの企業ばかりではありません。ＢtoＢの分野で競争力のある企業にも、顧客である取引先には、その企業のファンともいえる購買担当者が必ずいるはずです。

企業の競争力を左右する、顧客との結びつき。そして、その顧客を引き付けるきっかけになる知的財産。その知的財産は、どこから生まれるものなのでしょうか。

技術やデザイン、ブランドの裏付けとなる知的財産は、「顧客にこういう製品、こういうサービスを提供したい」という思いからつくりだされるものです。顧客にこういう価値を提供したい、という企業の思い。企業を構成するメンバーである経営者や社員の思い。つまり、「企業理念」ともいえるものが原動力になります。企業理念を実現するために、経営者や社員が努力した成果が、製品やサービスの特徴を生み、顧客へのルートをつなぎ、顧客との結びつきを強める切り札になっていくのです。

その特徴を裏付けるものが、わが社のオリジナリティである「知的財産」です。つまり、企業の思い、経営者や社員の思いと顧客をつなぐ媒介としてはたらくこと、それが知的財産の果たすべき役割なのです。

図表1－4－3には、企業理念から、知的財産という特徴を備えた製品やサービスが生み出され、その特徴が顧客に伝わるという、「企業理念→知的財産を含む製品・サービス→顧客」をつなぐ流れを、右向きの矢印で示してみました。この矢印で示した流れを、よりスムーズにすること。知的財産の八つのはたらきによって、企業の思いが顧客に伝わりやすくなり、企業の競争力が強化される、これが知的財産マネジメントでやろうとしていることです。

では、知的財産の八つのはたらきは、顧客へのルートをつなげるうえで、どのように役に立っているのでしょうか。

一つ目の「他との違いを『見える化』する」はたらき。これによって、企業は自社のもつ技術やデザイン、ブランドなどの特徴を、客観的に把握することが可能になります。どこが自社のセールスポイントなのか、それが把握できていないことには、顧客に何をアピールすればいいのかわかるはずがありません。また、「客観的」であることも重要です。思い込みで「わが社はすごい、すごい」と叫んでいるだけでは、顧客も、サプライヤーも、金融機関も、まともには対応してくれません。他社にはない、自社にしかない強みを客観的に把握すること。顧客へのルートをつなぐ第一歩となるのが、「他との違いを『見える化』する」はたらきです。

二つ目の「工夫の成果を企業の『財産』にする」はたらき。これを生かせないと、技術もデザインもブランドも、どこに帰属しているのかわからないフワフワとした状態のままです。企業の強みであるはずのものが、人の異動にあわせて散逸してしまいかねません。技術、デザイン、ブランドといった企業の強みを、「企業の財産」である知的財産として管理すること。「企業として」の強みを固めるための前提条件、それが「工夫の成果を企業の『財産』にする」はたらきです。

三つ目の「創意工夫の促進により社内を『活性化』する」はたらき。努力の成果をきっちりと「見える化」し、適切に評価する仕組みがあれば、社員のやる気が違ってくるはずです。社員がやる気をもって存分に力を発揮すれば、より多くの強み、より多くの知的財産を生み出すことにつながります。企業の思い、社員の思いを、より多くの知的財産というかたちにすること。人の力を引き出し、顧客へのルートにつなげる材料となる知的財産を、できるだけたくさんストックすること。一人ひとりのパワーをより多く引き出すための「創意工夫の促進により社内を『活性化』する」はたらきは、数の力に頼れない中小企業にとって、特に重要な位置づけを占めることになるでしょう。

ここまでに説明してきた三つのはたらきは、知的財産に「かたちをつける」プロセスで生じるものです。つまり、「企業理念→知的財産を含む製品・サービス」という部分の、社内で生じる効果に関するものです。

ここから説明するのは、知的財産を「外部にはたらかせる」プロセスで生じる五つのはたらきです。「知的財産を含む製品・サービス→顧客」という部分の、社外に対して生じる効果をみていくことにしましょう。

四つ目の「ライバル企業の動きをコントロールする」はたらき。どんなに素晴らしい製品やサービスを開発しても、ライバル企業がまねをしたい放題で、体力勝負の価格競争を仕掛けられてしまっては、売れるはずのものも売れなくなってしまいます。顧客につながるルートに、簡単には割り込ませないこと。知的財産にかたちをつけ、自社の権利を確保しておくことが、ライバル企業と戦うための武器になる。これが、「ライバル企業の動きをコントロールする」はたらきです。

五つ目の「取引先との交渉力を強化する」はたらき。製品やサービスに必要な部品や材料に関する権利を、サプライヤーの側に押さえられてしまうと、価格交渉が不利になって原価が上昇し、顧客への販売価格に影響してしまうおそれがあります。価格に不満をもたれては、顧客との結びつきも弱まってしまいます。製品やサービスを、顧客にリーズナブルな価格で提供できるようにすること。「取引先との交渉力を強化する」はたらきも、顧客へのルートをつなげるために役立つものです。

六つ目の「顧客にオリジナリティを伝える」はたらき。この会社の製品こそ本物だな、これを使っておけば間違いないな、やっぱり本家本元は違うな、という印象を与えられれば、競合する製品が存在していたとしても、多くの顧客が自社の製品を選んでくれるはずです。本物感、安心感、満足感を伝えて、顧客を引き寄せること。顧客へのルートをつなぐのにダイレクトに効くのが、この「顧客にオリジナリティを伝える」はたらきです。

七つ目の「パートナーとの関係をつなぐ」はたらき。基礎技術の開発力には自信があるけれども、顧客ニーズにあわせた製品化が得意ではない。機能面では満足のいく製品を開発できたものの、こんなデザインでは売れそうもない。よい製品が開発できたものの、どうやって販売すればいいのか、販売するルートが見つからない。こうしたケースでは、自社に足りないリソースを補うべく、他社と提携することが考えられます。ところが、相手先のいいように、下請けとして使われてしまうのではないか。稼ぎをすべてもっていかれてしまうのではないか。特に、パートナーとなる候補が大企業であるときには、心配の種は尽きません。そうしたときに、提携に向けて背中を押してくれるのが知的財産権の存在です。自社の権利を確保してあるから、そこから先のルートを提携先に安心して預けられる。自らの力では顧客までたどり着けない場合に、パートナーが顧客までのルートをつないでくれる。顧客につながるルートの可能性を広げてくれるのが、知的財産の「パートナーとの関係をつなぐ」はたらきです。

八つ目の「顧客の安心を保障する」はたらき。製品を使っている顧客のもとに、いきなり警告状が送られてきた。しかも「使用を中止し、廃棄せよ」と求められている。「あなたのの会社の製品なら大丈夫と安心して使っていたのに、なんという製品を売りつけてくれたんだ！」。どんなに素晴らしい製品であっても、こんな事態になってしまうと、顧客との信頼関係はガタガタです。そんなことにならないように、顧客に安心して使ってもらえるように、知的財産権に関する問題を事前にクリアしておくこと。顧客との信頼関係を守る、それが「顧客の安心を保障する」はたらきです。

以上が、知的財産の八つのはたらきの全体像です。

(4) 知的財産のはたらきでできることを探る

図表1―4―2のケースと比べて、いかがでしょうか。知的財産を意識することによって、顧客と結びつく可能性が広がることは明らかですね。知的財産を意識することによって、自分たちのオリジナリティ、顧客に伝えるべきものを理解することができる。そして、顧客とつながるためにやるべきことのオプションが広がるのです。

こうした八つのはたらきをうまく生かして、「企業理念↓知的財産を含む製品・サービス↓顧客」をつなぐ流れを調えること。顧客との結びつきを強めること。それが知的財産マネジメントの本質的な役割です。

「知的財産」というと、多くの人が、参入障壁、模倣対策といった、四つ目の「ライバル企業の動きをコントロールする」はたらきだけをイメージしがちです。だからこそ、あえて強調しておきます。

知的財産マネジメントのゴールは、知的財産を囲い込んで参入障壁を築くことや、模倣品を排除することではありません。参入障壁を築いても、そこに顧客が集まらなければ、何の意味もないただの壁です。市場そのものが縮小していく状況にあれば、模倣品を排除しても本質的な解決策にはなりません。顧客との結びつきを強め、企業の競争力を高めていくことこそが、知的財産マネジメントの目指すところです。

なかには、オープン・イノベーションというトレンドの影響を受けて、七つ目のはたらきこそが大事だ、という方もおられるかもしれません。しかし、それもまた選択肢の一つであり、オープンでなければならない、というものではありません。それぞれの企業が置かれている環境によって、選択すべき戦略は異なります。どのはたらきをどのように生かして、顧客との結びつきを強めていくか。そこが知的財産戦略の要諦です。

知的財産で「やるべきこと」ではなく、「できること」を考える。やや抽象的になってしまいますが、この違いは重要です。

知的財産権は独占排他権だから、他社を排除するために使わなければならない。権利は活用しなければ意味がない。そういった、「知的財産でやるべきこと」という発想にとらわれてしまうと、各々の企業によって異なる環境に適切に対応することができません。知的財産を意識することによって、できることの可能性も狭められてしまいます。

そうではなく、それぞれの企業が抱えている課題に対して、「知的財産でできること」を探る。そういったスタンスで知的財産を考えること、知的財産を意識することによって、できることの可能性が広がります。そのためには、知的財産の多様なはたらき、これまでに説明した八つのはたらきを、まずは理解しておくこと。そして、それぞれの企業が抱えている課題に対して、そのはたらきをどのように生かしていくことができるのか。顧客との結びつきを強めるために、知的財産をどうはたらかせるか。そういったアプローチで考えることによって、知的財産を意識し、知的財産マネジメントを実践することによる効果は、グッと幅が広がってくるはずです。

こうした考え方が求められる背景には、経済情勢の変化もあります。高度経済成長期のように、需要が旺盛で、物をつくれば売れるという時代であれば、どうやってライバル企業より優位に立ち、市場シェアをあげるかということが優先的な課題でした。だから、とにかくしっかりと

図表１－４－４　GDPギャップの推移

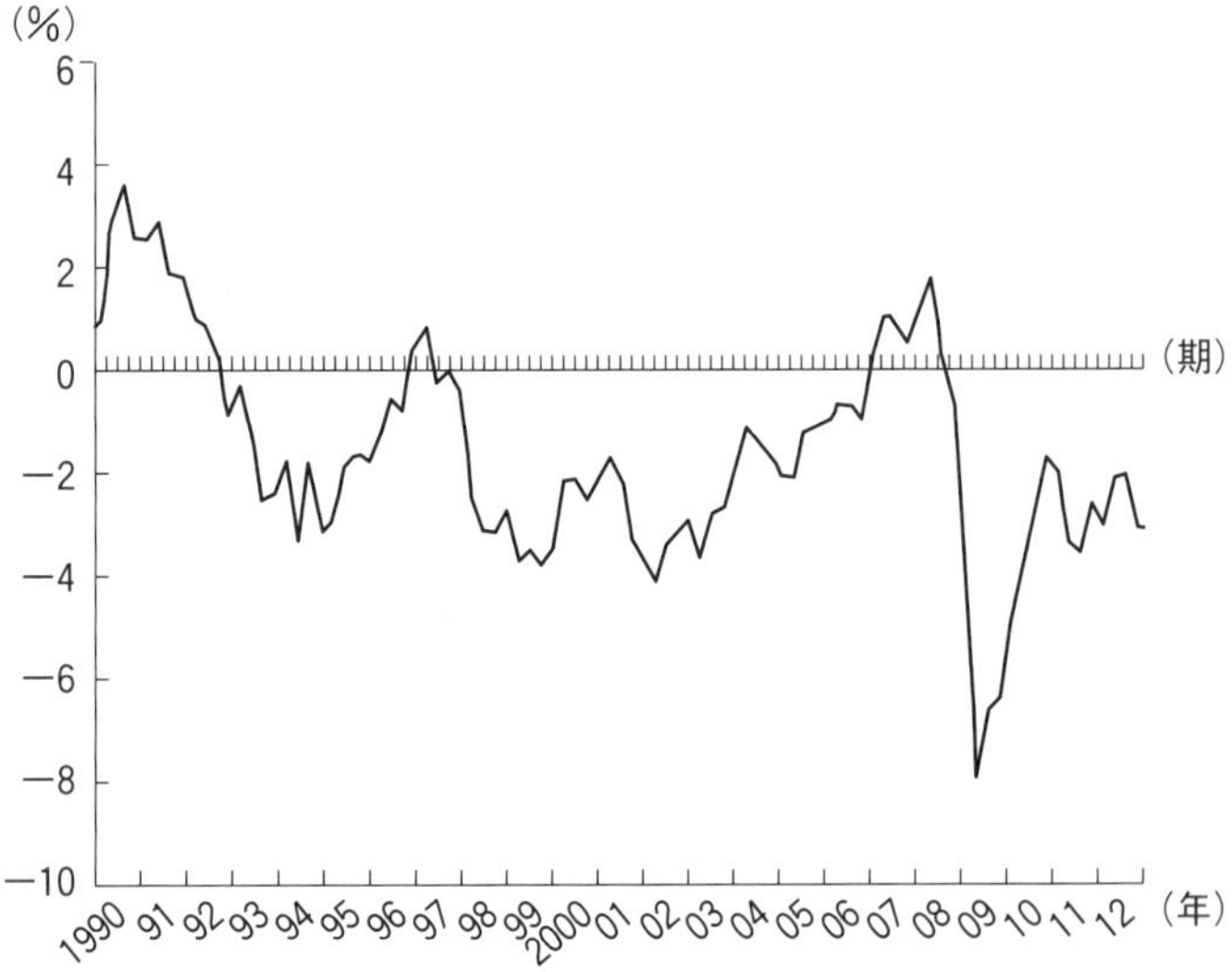

（出所）　内閣府ホームページより。

知的財産を保護して、ライバル企業を排除するというスタンスで考えればよい。それが知的財産マネジメントの基本でした。

しかし、時代は変わりました。国内の経済状況をみると、ＧＤＰギャップ（需給ギャップ）がマイナスという状況が続き、需要が供給を下回るのが慢性化している状態です（図表１－４－４）。日本だけではありません。先進諸国は需要不足という共通の課題に悩んでいます。市場そのものがシュリンクしていくような状態のなかでは、いくら市場シェアを高めることができたとしても、成長には限界があります。

いま、市場シェアを高めること以上

に求められているのは、市場をつくることです。いかにして新しい市場を創造するか、という発想で仕事をすること。いまの時代を生きるビジネスパーソンに求められる姿勢です。知的財産マネジメントも例外であるはずがありません。

自社の知的財産を生かして、どうやって新しい市場を創造するか——。

どうやって顧客とむすびつくルートをふやし、顧客との結びつきを強めていくか——。

こういった発想を根底に置いて、知的財産マネジメントでできることを考えていかなければいけません。

「企業理念→知的財産を含む製品・サービス→顧客」に意識を置きながら、知的財産のはたらきを生かして、その流れを調えていく。これが知的財産マネジメントの全体像です。どのはたらきが有効なのかは、その組合せは、提供する製品やサービスの種類、市場環境、市場におけるポジションなどによってさまざまです。

では、どのはたらきを、どのように生かせるように、知的財産マネジメントに取り組めばよいのか。中小企業は、知的財産マネジメントをどのようにスタートすればよいのか。

筆者がカリキュラムを設計し、講師を担当している知財塾の例から考えてみましょう。

(5) 「上から」知的財産を考える知財塾

二〇一〇年、愛媛県西条市で地域の中小企業を対象にした全六回のセミナー、「西条知財塾」が開催されました。石鎚山の麓に位置し、「うちぬき」と呼ばれる名水で有名な西条市は、製造品出荷額で四国首位を争う、ものづくりの盛んな都市でもあります。しかし、近年は世界的な不況の影響を受けて出荷額が低下傾向にあるため、西条市では地域の中小企業に頑張ってもらおうと、さまざまな支援に力を入れています。特許庁の「知財先進都市支援事業」にも採択され、その事業の一環として、「知的財産」という切り口から中小企業の活性化を図ろうという目的で企画されたのが西条知財塾です。

筆者はこの企画に設計からかかわることになりました。でも、いったいどういう知財塾を企画すればよいのだろうか。参加者の皆様が期待しているのは、特許や商標の制度説明、出願書類のつくり方などを解説する、ハウツーを提供するセミナーではないはずだ。行政の方が期待されているのも、知的財産への取組みを通じて、地元企業の何かが変わることにあるはず。それも、実務的なレベルではなく、経営レベルで。中小企業が元気になり、地域が元気になることです。

そのためには、制度や手続のハウツーを伝えることが本旨ではないはずです。

知的財産？　おもしろそうじゃないか。これでちょっと、会社が元気になるかもしれない。や

図表1－4－5　知的財産を考える順序

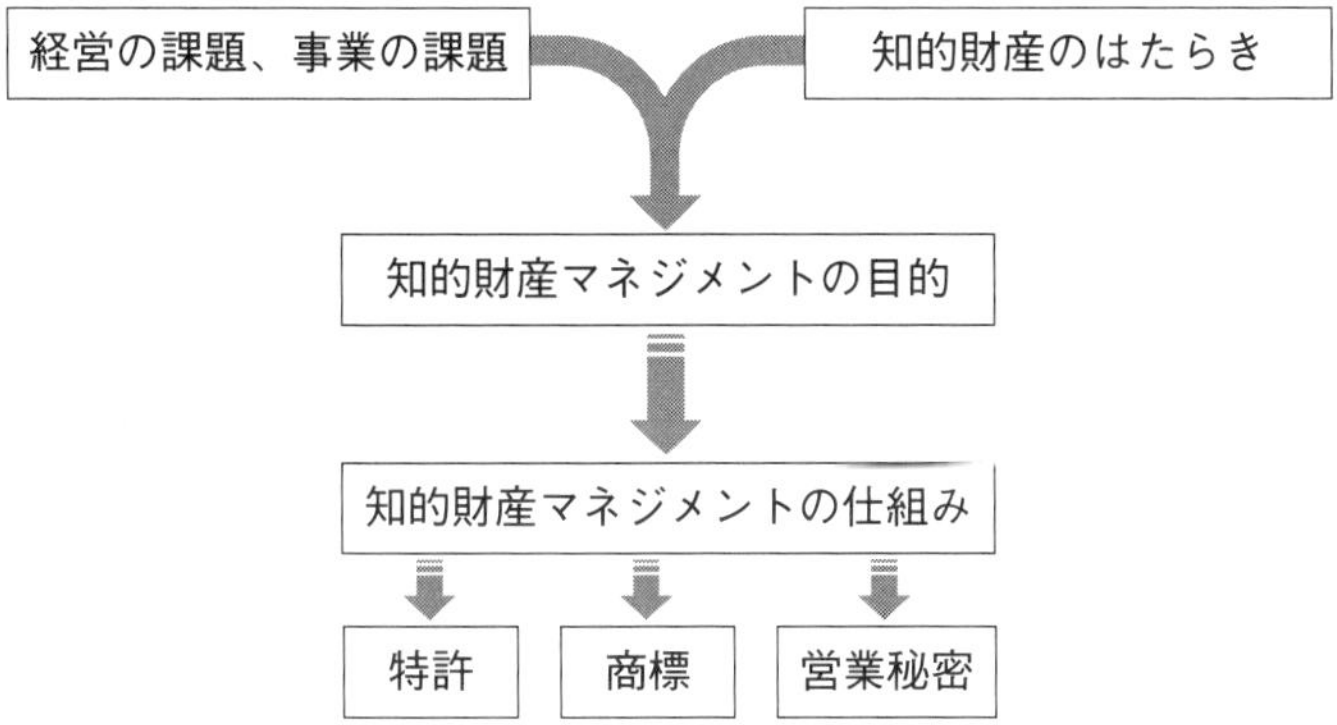

ってみようじゃない！　そう思っていただけるようなセミナーにしたい。そして、経営レベルから知的財産を考える順序を図表1－4－5のように整理して、次のようなカリキュラムのセミナーを実施しました。

二〇一〇年の西条知財塾に参加いただいたのは、七社（一社当り一～三名）です。セミナーの最初、参加者の皆様に、知的財産ということを特に意識せず、経営課題、つまり会社の悩み、事業を進めるうえでの悩みを書き出してもらいます。続いて、本書でここまでに説明してきた知的財産の八つのはたらきについて、事例を交えながら解説します。すると、最初に書き出してもらった会社の悩みに生かせるかもしれないはたらきが、一つ、二つとみえてきます。そこから、わが社もこういうねらいで知的財産マネジメントに力を入れてみよう、という目的を設定します。

知的財産マネジメントとは、効果が表れるまでにある程度の時間を要するものなので、ここでしっかりと軸になる目的を確認しておくことが重要です。権利をとって模倣品を排除したいのか、それとも大企業に提携をもちかけたいのか。あるいは、対外的な問題より、ノウハウの流出防止や社内の活性化など、社内的な問題に軸足を置くのか。もちろん、これらを複数組み合わせてもかまいませんが、何のために知的財産マネジメントに取り組むのか、しっかりした軸を定めておくこと。さもないと、目にみえる効果が表れる前に、だんだん無駄な作業に思えてきて、取組みをやめてしまうことになってしまいかねません。

こうして目的を明確化した後に、知的財産制度の勘所の解説とあわせて、さまざまな中小企業の取組事例を紹介しながら、知的財産マネジメントを具体的にどのように実践していけばよいのかを解説します（この部分は中小企業支援の経験が豊富な、木戸基文弁理士にご担当いただきました）。どのような仕組みをつくるかを考える際には、知的財産マネジメントに取り組む目的との関係を考えることが大切です。たとえば、社内の活性化に軸足を置くのであれば、第3章で紹介した昭和精工株式会社やしのはらプレスサービス株式会社のように、全員参加型の提案制度をつくる。排他的な効果をしっかり効かせたいのであれば、特許等に詳しい専門人材の育成や、自社の技術分野に強い弁理士を探すことなどが、仕組みをつくるうえでのポイントになってきます。どういう仕組みをつくるかは、目的が明確であればおのずから決まってくるものであって、知的財産専任の担当者を置くべきかどうかとか、知的財産関連の予算を固定すべきかどうかとか、各論から考えて答えが出るものではありません。

そして最終回。ここまでの流れを、「わが社の知財戦略」としてまとめたうえで、事業計画とあわせて参加者の皆様に一社ずつ発表していただきました。自社にとっては考え方を整理する機会になるとともに、他社の発表にも刺激を受けるので、この発表会はなかなか有意義です。

はじめに経営課題を意識し、その課題に知的財産のはたらきを当てはめて、知的財産マネジメントに取り組む目的を明確にする。その目的に沿って、具体的にやるべきことを実践するための仕組みを整えて、特許出願や商標登録出願、営業秘密の管理といった個々の実務をこなしていく。このように経営課題を起点に考えるからこそ、目的に沿った効果、すなわち、経営課題に対する成果が期待できるというものです。

図表1－4－5のように整理してみると、とにかく上から行くことが肝心であることがわかります。これを下から行ってしまうのが、中小企業が知的財産への取組みで失敗する典型的なパターンです。知的財産が人事といわれるから、特許をとってみた。ところが、とる前と何も変わらない。どうすればいいの？　ちゃんと担当者を決めればいいのか（＝仕組みづくり）。ところが、担当者を決めてもなかなか成果が出ない。そうか、せっかくの特許だから活用しないとダメなんだ（＝目的の設定）。でも、活用ってどうすればいいの？　ライセンス先を探してもらう？　侵害調査？　なんだかお金が出ていくばかりじゃないか……。

下から行くからこうなってしまうのです。社内のリソースに限りのある中小企業が、こんな無駄なことに時間を使っている場合ではありません。無目的に財産のコレクションをふやしても仕方がないのです。下からではなく、上から行くこと。これも筆者が勝手に名づけたものですが、「知的財産戦略・『上から知財』の原則」です。「上から目線」はいけませんが、「上から知財」はまったく問題なし。いや、むしろ「上から」でなければいけません。

その後、西条知財塾は二〇一一年も西条市の企画として第二期を実施、そのほかに、二〇一二年には愛知県で「あいち知財経営塾」、高知県で「高知県知財塾」を、同様のカリキュラムで担当させていただきました。二〇一二年は「『知』を愛する県」と「『知』が高い県」になったのは、単なる偶然でしょうか。西条市の方には、「うちは『媛』を愛する県なのですが」といわれてしまいましたが……。

知的財産への取組みを通じて、地域の中小企業が元気になるきっかけをつくろう！「知財塾」という新しいチャレンジです。

少し話が抽象的になってきたので、次は具体的な数字をみてみましょう。実際のところ、中小企業にはどういう知的財産のはたらきが効いているのか。二つのアンケート結果を紹介します。

2 企業の悩みに「知的財産」で何ができるか

(1) 近畿経済産業局のアンケート

はじめに紹介するのは、筆者が委員として参加した、近畿経済産業局の二〇一一年度「中小企業の知財推進体制に関する先進事例調査」で行われたアンケート調査の結果です。この調査は、中小企業の知財推進体制調査を目的に、近畿地区の中小企業四〇〇〇社強にアンケートを送付し、一〇〇〇社以上の企業からご回答をいただきました。そのなかから、「知的財産の活用による成功事例」への回答をみておきましょう。

「知的財産の活用による成功事例」では、特許権の取得などの知的財産に関する取組みを通じて、どのような効果が上がったか、ということを質問しています。知的財産の多様なはたらきがどのように効いているかを把握するために、第3章で説明した八つのはたらきを意識しながら、できるだけ多くの選択肢を用意するようにしました。八〇％近い会社がなんらかの項目を選んで回答してくださいましたが（複数選択も可）、その回答比率を規模別に分類してみると、非常に興味深い傾向が表れています。

図表１－４－６　知財活用の効果は？

	～30人	31～100人	101人～
模倣の抑止	49%	59%	71%
対競合の優位性	67%	76%	81%
取引先との交渉力	55%	38%	34%
販路開拓	65%	58%	56%
業務提携	33%	22%	18%
独自性のPR	54%	46%	42%

（出所）2011年度近畿経済産業局のアンケート調査結果から作成。

従業員数三〇人以下、三一人以上一〇〇人以下、一〇一人以上の三グループに分けて、主な項目の回答比率を整理したのが、図表１－４－６です。

さて、この数字をみて、何か気づくことはないでしょうか？

ちょっとむずかしいかもしれませんね。

では、ヒントです。上の二つの項目と、下の四つの項目に分けて、数字をよくみてください。

これでお気づきいただけますね。上の二つは右肩上がり。従業員数が多いほど、これらの項目を選択した企業の比率が高くなっています。下の四つは右肩下がり。逆に、従業員が少ないほど、これらの項目を選択した企業の比率が高くなっているのです。はたしてこの傾向は、何を意味しているのでしょうか。

上の二つの項目、「模倣の抑止」「対競合の優位性」は、いずれも知的財産の典型的なイメージ、すなわち、知的財産権の排他的な効力に関するものです。八つのはたらきでいえば、四つ目の「ライバル企業の動きをコントロールする」はたらきです。これに対して下の四つの項目、「取引先との交渉力」「販路開拓」「業務提携」「独自性のPR」は、いずれも排他的な効力以外の、知的財産の多様なはたらきに関するものです。八つのはたらきでいえば、「取引先との交渉力」が強化されるという効果を生じさせたのは、五つ目の「取引先との交渉力を強化する」はたらきです。「販路開拓」「業務提携」「独自性のPR」という効果は、六つ目の『顧客にオリジナリティを伝える』はたらきや、七つ目の「パートナーとの関係をつなぐ」はたらきによって生じるものです。アンケート結果には、予想以上にはっきりとした傾向が表れました。

この傾向は、次のように解釈できるはずです。

企業の規模が大きいということは、取り扱っている製品やサービスの売上規模、市場規模も比較的大きいことが多い。市場規模が大きくなると、競争も激しくなり、ライバル企業の動きを抑える材料が必要になる。ゆえに、中小企業のなかでも規模が大きい企業では、知的財産の排他的な効力によって、ライバル企業の動きをコントロールする役割を求めることが多くなる、と解釈できるわけです。

一方、規模が小さい企業は、事業自体の規模も小さく、製品やサービスをあまり知られていないことが多い。つまり、市場の拡大はこれから。あるいは、特定の顧客からの受注生産に頼っている規模の小さい企業であれば、取引先との交渉結果に業績が大きく左右される。こうした状況で求められるのは、知的財産の存在をきっかけに、製品やサービスをできるだけ多くの関係者に知ってもらうこと、一緒に市場を拡大してくれるパートナーを見つけること、取引先との交渉が有利になることです。だから、比較的規模の小さい企業にとっては、知的財産権の存在によって信用を得たり、注目を浴びたりすることが重要であることが多い、と解釈することができます。

どんなに知的財産をしっかりと保護したとしても、その知的財産が知られずに、世に出ることなく終わってしまっては元も子もありません。規模が小さい企業、これから市場をつくっていかなければならない企業は、「まねされないこと」や「他を排除すること」にこだわっている場合ではありません。「知ってもらうこと」や「売ること」、業務提携の促進や顧客の注目を引くことにターゲットを置いて知的財産を考えるべきということが、このアンケート結果の示す傾向からおわかりいただけるのではないでしょうか。

知的財産権の専門家、法律の専門家から、「活用できないような権利では意味がない」というセリフを耳にすることがあります。ここでいう「活用」は、権利行使のことを意味しているようです。しかしそれは、法律の世界で勝った負けたを判断する人からみれば意味がない、つまり「法律家にとって意味がない」というだけであって、ビジネスの世界でも意味がないとまで言い切れるものではありません。たとえば二〇一二年には、アップルがデザイン特許の侵害でサムスンを訴えた事件で、英国の高等法院で、サムスンの製品は「アップルほどクールでない」という理由によって、アップルが敗訴する判決が言い渡されました。アップルはこの訴訟には負けましたが、「アップルほどクールでない」というニュースが世界中に配信され、アップルのブランドイメージには大きなプラス効果があったはずです。最終的な目的は、法廷で勝つことではなく、市場で勝つことです。

くどいようですが、法律で物が売れるわけではありません。物が売れるのは、人の心が動くからです。規模の小さい中小企業、これから物を売っていこうという中小企業にとって、大事なことは一緒に頑張ってくれるパートナーの心を動かすこと、買ってくれる顧客の心を動かすことです。そのために知的財産で何ができるか――可能性の幅を広げて考えていきましょう。

(2) 九州経済産業局のアンケート

次に紹介するのは、こちらも筆者が委員として参加した九州経済産業局の二〇一一年度「企業経営における知財活用基盤整備事業」で行われたアンケート調査の結果です。この調査では、九州地区の約五〇〇〇社の中小企業にアンケートを送付し、一〇〇〇社以上の企業からの回答を得ることができました。このアンケートのなかで注目したいのは、「抱えている経営課題」に対する回答と、「知的財産権取得の目的」に対する回答です。

図表1－4－7　経営課題と知財権取得の目的

経営課題は？		知財権取得の目的は？	
1. 売上減少・低迷	49%	1. 参入障壁形成	68%
2. 人材不足	9%	2. 模倣・侵害対策	66%
3. 開発品低迷	6%	3. 宣伝効果	36%
4. 社員の意識 資金調達 新規事業の停滞	5%	4. イメージ向上	32%
		5. 社員教育	14%

（出所）2011年度九州経済産業局のアンケート調査結果から作成。

さっそく数字をみてみましょう。

抱えている経営課題として、複数の選択肢のなかから一つを選んでもらいました。その結果は、図表1－4－7の左にあるとおり。約半分の企業が、「売上減少・低迷（売上げが伸びない、または減少した）」と回答しています。ここは予想どおりですね。中小企業の悩みは、やはり売上げに関するものが圧倒的に多い。

一方の知的財産権を取得しようとする目的ですが、図表1－4－7の右側が回答結果です。こちらは複数回答可としたところ、「参入障壁形成（他者参入障壁を築き、有利に事業展開を進めるため）」「模倣・侵害対策（模倣被害や権利侵害等のトラブルを避けるため）」を選択した企業が、いずれも約三分の二に及んでいます。これもまあ、知的財産権といえば排他的な権利なので、イメージどおりではありません。

さて、この二つの数字をジッとにらんでみてください。

何かおかしいな、と感じることがありませんか？

中小企業があまり特許を出願しない理由として、費用や手続の問題を指摘されることがあります。出願費用が高いから特許を出願しない。特許の出願書類を読んでもわかりにくく、どうやって作成すればよいかよくわからないから特許を出願しない。だから、費用の一部を負担することや、出願手続のサポートをすることが、中小企業の特許出願を後押しするために必要なことだ。中小企業が知的財産に取り組むための問題点を議論すると、こういう結論に収束して納得してしまいがちです。でも、本当にそうなのでしょうか。本質的な問題は、おそらく費用や手続にあるのではありません。

費用が高い、安いというのは絶対額で決まることではなく、たとえ一〇〇万円かかったとしても、出願することにそれ以上の意味があれば「安い」はずです。逆に、一〇万円で出願できたとしても、何のために出願するかがよくわかっていなければ「高い」と感じてしまうでしょう。手続だって同じです。要は、本当に必要と考えているかどうか。必要であるならば、どんなに面倒なことでも頑張って取り組む。それが仕事というものです。必要性について十分に納得していないから、面倒くさく感じるのです。

先ほどのアンケートの回答に戻りましょう。

それぞれの問いに対する回答は、一見するとどちらも予想どおりの結果です。多くの中小企業が売上げのことで悩んでいる。それはそうでしょう。知的財産権を取得する目的は、他社にまねされないためである。それはそうでしょう。

それぞれの回答はそのとおりだと思うけれども、この二つを並べてみると、どこか矛盾していると感じないでしょうか。

売上げが伸びなくて悩んでいる。そこに、「参入障壁を築く」「模倣被害を避ける」ことによって売上げが伸びるのでしょうか。

参入障壁を築けば、模倣被害を避ければ、売上げが伸びるか——模倣品の増加によって、市場シェアを食われてしまっている、価格競争が激しくなって値下げを余儀なくされている、そういった状況にあれば、答えは「イエス」です。しかし、売上げが伸びなくて悩んでいる中小企業のうち、いったいどの程度の企業が、模倣品を理由に売上げが伸びないという状況に陥ってしまっているのでしょうか。

おそらく多くの企業にとって、売上げが伸びない原因は、もっと違う部分にあるはずです。長引く不況や、顧客の海外進出によって、本業の需要が落ちてしまっているが、それにかわる新規事業が見つからない。新製品を開発したいが、どこから手をつければいいのかわからない。新製品を開発したものの、まだ何かが足りないから売上げにつながらない。新製品のよさがなかなか伝わらない、その存在を知ってもらえない。そんな理由で、売上げがふえなくて悩んでいる中小企業のほうが多いのではないでしょうか。そうした企業が、参入障壁という壁をつくったところで、売上げがふえるわけではありません。下手をすると、壁を気にして仲間を迎えにくくなり、ますます展開を狭めてしまうことだってあるかもしれないのです。

つまり、まだまだ多くの中小企業は、知的財産権＝参入障壁、模倣排除、といった構図にとらわれてしまっており、売上げが伸びないという悩みとの間にギャップが生じてしまっている。このアンケート結果から、そういった現状が透けてみえてきます。

売上げが伸びなくて悩んでいる。他社を排除するために知的財産権を取得した。売上げが伸びない原因が模倣品にあるケースでなければ、悩んでいることと、そのための対策にミスマッチが生じているのです。これでは悩みが解決に向かうはずがありません。このミスマッチこそが、中小企業の多くが知的財産を敬遠する理由であるように思います。

では、模倣品対策に悩んでいる中小企業でなければ、知的財産権を取得する意味がないのでしょうか。

答えはもちろん「ノー」です。ここまで説明してきたように、知的財産にはさまざまなはたらき、少なくとも八つのパターンのはたらきがあります。近畿経済産業局のアンケート結果から考えたように、特に規模の小さい中小企業には、参入障壁としてはたらかせる以外にも、さまざまなはたらきが効いているというデータの裏付けもあります。いずれかのはたらきが売上げの伸び悩みの原因に効くのであれば、そこに知的財産権を取得すること、知的財産マネジメントに取り組むことの意義を見出せばよいのです。

たとえば、長く受注生産でやってきたけれども、顧客の海外移転で売上げが減少している。それを補う新規事業を立ち上げたいといったケース。こうした悩みをもった企業であれば、一つ目の「他との違いを『見える化』する」はたらきによって、自社の強みを客観的に把握し、新製品の開発や、提案力の強化に生かすことができるはずです。

新製品を開発したものの、そのよさがうまく伝わらない、もっと多くの人に知ってもらう必要があるといったケース。こうしたケースには、一つ目の「他との違いを『見える化』する」はたらきを、売り込むべき自社の強みを知る第一歩に活かせるはずです。六つ目の「顧客にオリジナリティを伝える」はたらきを活かし、保有する知的財産に関する情報をアピールして、自社の特徴を伝えていくことも考えられるでしょう。七つ目の「パートナーとの関係をつなぐ」はたらきによって、自社の権利を確保したうえで提携を持ちかけ、パートナーの力を借りて顧客に伝えるパワーを強化していくことも考えられます。

開発した新製品にはまだ何かが足りない、もっとブラッシュアップすることが必要だ、というケース。こうした悩みには、三つ目の「創意工夫の促進により社内を『活性化』する」はたらきで、社員の知恵をより多く引き出すように努めることが有効です。七つ目の「パートナーとの関係をつなぐ」はたらきを生かして、足りない要素をパートナーに補ってもらうことも考えられるでしょう。

先に紹介した海洋建設株式会社の片山社長がお話ししてくださいました。

「やはり、しっかりと売上げをつくっていくことが大事。売れているということは、お客様に満足していただいているということです。その事実が、何よりも自信になりますから」

どうやって売上げをふやすことにつなげるか――そこが重要であることは、知的財産マネジメントも例外ではありません。

3 元気な中小企業の共通点と「知的財産」

さて、「知的財産」について長々と述べてきましたが、話を元に戻すことにしましょう。最初に示したテーマは、「元気な中小企業にみられる共通の特徴」でした。その共通点を、もう一度振り返っておきます。

一つ目の特徴は、「説明がうまい」こと。

二つ目の特徴は、「気持ちのよい挨拶に迎えられる」こと。

説明がうまく、気持ちのよい挨拶に迎えられるから、その企業にはファンがふえ、応援団がふえる。そして、ファンの力、応援団の力が加わった中小企業は、社員の数では測れないようなパワーを発揮し、元気に活動している。これが第1章で確認したことでした。

そして、これらの特徴が、実は知的財産マネジメントへの積極的な取組みに関係している。つまり、

知的財産を意識することが、「説明のうまさ」に結びつく。

知的財産の存在が、「気持ちのよい挨拶」を引き出す。

という話でした。そろそろ種明かしを始めることにしましょう。

(1) わが社の「説明力」を磨こう！

まずは、知的財産を意識することが「説明のうまさ」に結びつく、という意味からです。

ここまでの説明で、もう明らかになっていますね。自社の強み、他社との違いを「知的財産」と意識し、客観的に把握していること。そのことが、独りよがりの一方的な説明ではなく、客観性をもったわかりやすい説明につながっているということです。そしてその強み、ほかとの違いであるオリジナリティを、特許権や商標権といった客観性のある知的財産権というかたちで表現すれば、グッと説得力が増すというものです。

知的財産マネジメントに取り組むことによる、一つ目の「他との違いを『見える化』する」はたらきによって、独りよがりではなく、自社を客観的にみることができるようになる。そして六つ目の「顧客にオリジナリティを伝える」はたらきによって、自社の強み、自社のオリジナリティを知的財産権というかたちで表現することで、説得力が増し、わかりやすく伝えることができる。そういった理由で、知的財産への取組みが、わかりやすい説明につながっている、というのが両者の関係です。

もっとも、客観化の取組みによって上手に説明できる企業になったのか、それとも上手に説明しようという意識があるから自社を客観的にみることができるのか——この関係は卵とにわとりのようなところがあって、どちらが原因でどちらが結果なのか、正確なところはわかりませんし、おそらく両方がありうるはずです。

しかし、知的財産という切り口で訪問してきた元気な企業は、ほとんど例外なく説明が上手だった。両者の相関関係はハッキリしています。そのことがわかった以上は、まずは相関するつながりに身を置いてみること。客観化の取組みから始めてみることです。

知的財産を意識すること、そこからわが社の「説明力」を磨く取組みを始めましょう！

(2) わが社の「挨拶力」を磨こう！

次に、知的財産の存在が「気持ちのよい挨拶」を引き出す、なぜそうなるのかを考えてみましょう。「説明力」のときとは違い、ちょっとむずかしいですね。知的財産の八つのはたらきだけでは、うまく説明できそうにもありません。

そのヒントが、ある企業へのインタビューで見つかりました。

広島市南区にあるテンパール工業株式会社は、ブレーカ、分電盤が主力製品の電気機械器具メーカーです。開発型の専門メーカーとして長くこの分野をリードしてきており、これまでに経済産業大臣賞、科学技術庁長官賞など数多くの表彰を受けていることからも、その技術力の高さがうかがえます。

そのテンパール工業の最大のライバルは、大手電機メーカーです。大手電機メーカーといえば、製品開発の際には特許をガッチリと固めてきますから、特許紛争が生じやすい環境にありま す。そのため、同社も特許への取組みに力を入れており、先進的な知的財産マネジメントでも名前があがることの多い企業です。

そのテンパール工業でのインタビューの最中に、次のような話がポロッと出てきました。

「特許をしっかりやっておかないと、営業の士気にかかわりますから……」

特許が開発のモチベーションになる、というのはよく聞く話です。ところが、ここで話に出てきたのは「開発」ではなく、なんと「営業」でした。なぜ営業？　なぜ特許が営業の士気に影響するのでしょうか。その意味は次のとおりです。

同社の最大のライバルは、大手電機メーカーです。最前線に立ち、顧客と向き合っている営業担当は、常に大手電機メーカーの製品とどちらが選ばれるかという戦いを繰り広げています。戦う相手は、だれもが知っている大手メーカー。その牙城に立ち向かい、専門メーカーとして自社製品の特長を詳しくわかりやすく説明し、ぜひ、うちの製品を買ってください、と顧客に訴える。自社の製品に自信がないと、とてもそんなことはできません。

そういう厳しい戦いの最前線に、「特許がとれた」という情報が入ってきます。

そうか、うちが一歩前に出たか。会社の規模ではかなわなくても、やはりこの分野では、わが社が先頭を走っている。わが社の製品こそが、どこにも負けない最先端のものだ。ぜひ使ってみてください。

図表1－4－8　テンパール工業㈱のブレーカ製品群

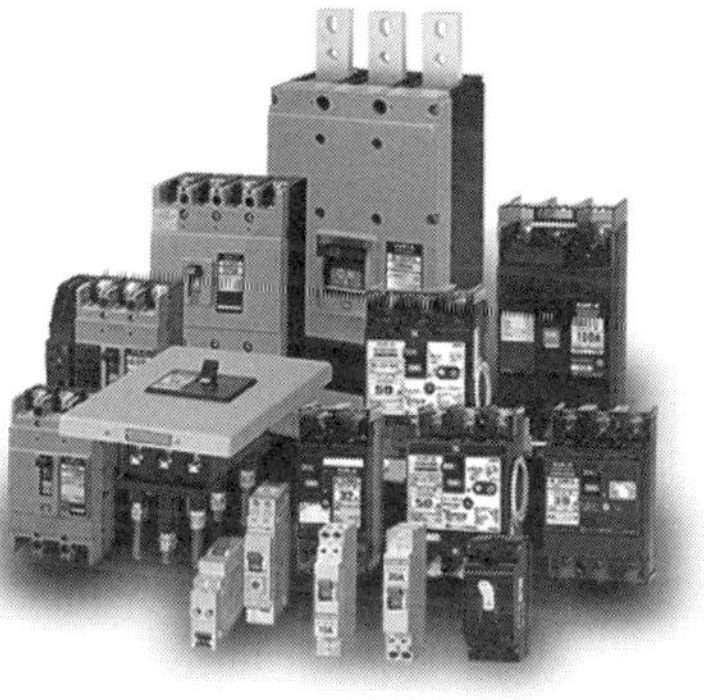

自信をもっておススメできます！

逆に、特許侵害で訴えられた、訴訟に負けた、という情報が入ってくるとどうでしょうか。なんだ、やっぱり大手にはかなわない、ってことか。これが中小企業の限界なのか……。こうなってしまわないように、特許の面からも技術の先進性を示していくこと。営業の士気を高めるため、とはこういう意味だったのです。

自社の製品に、自社の開発力に自信をもつ。規模では大手にかなわなくても、わが社はどこにもできないことをやっている、特別な会社なのだ。特別であることを客観的に証明し、そういった自信や誇りを与えてくれるのが、「特許権」のようにクッキリとかたちをつけられた知的財産の存在です。

わが社は、ただ小さいだけの中小企業じゃない。大企業のように名前は知られていなくても、とてもユニークで、わが社にしかできないことをやっている、特別な会社だ。そういった自信、誇り、プライドが、会社のために頑張ろうという当事者意識を育み、元気で気持ちのよい挨拶を引き出しているのではないでしょうか。

もう一社の例を紹介します。

東京都大田区にあるフィーサ株式会社です。一九六一年の創業以来、開発型の精密機械器具メーカーとして、ものづくりを支えるさまざまな製品を提供しています。そのなかで中心的な存在として同社を支えているのが、独自技術に支えられたホットランナ成形装置です。

ホットランナ成形装置とは、金型でプラスチックを成形する際の射出成形ノズルとして用いられるものです。樹脂を流し込むときにゲートが自動開閉するため、樹脂の流路となるランナ（プラモデルであれば部品と部品がつながっている枠の部分）が発生せず、ランナの素材が無駄にならないというメリットがある製品です。フィーサでは、このゲートを自動開閉する機構に、プラゲートシステムと呼ばれる独自技術を用いており、優れた効果のある製品と評価されています。

そのフィーサで、二代目となる斎藤進社長が就任されて間もない二〇〇六年、特許庁の知的財産戦略支援のモデル企業に選ばれて、知的財産マネジメントの体制整備が進められました。その支援の前後で、斎藤社長の知的財産に関する意識が大きく変化したことに注目してみましょう。

図表1－4－9　フィーサ㈱のホットランナ成形装置

以降に紹介するのは、月刊誌『発明』（発明推進協会）二〇一一年二月号に掲載された、斎藤社長へのインタビュー記事の一部を抜粋したものです。支援から四年近くが経った後に、同事業の支援リーダーを務めたインクタンク・ジャパン株式会社の塚越雅信社長がインタビューをされたときの記事です。

〈塚越氏〉（支援を受ける前）知財の位置づけをどのように考えていましたか？

〈斎藤社長〉「他社にまねされたら困る」。そのための知財という認識でした。

（中略）

〈塚越氏〉貴社のような精密機械分野の場合、材料や製造方法については、特許出願せずにノウハウとして管理するケースも多いのですが……。

〈斎藤社長〉そのとおりです。当社の場合、特許だけでなく、ノウハウや商標も含めて、知財を「ブランド力」として営業ツール的に活用しています。（中略）営業でも「これは当社の特許技術です」ということを必ずクライアントに伝えるように心がけています。

〈塚越氏〉知財の位置づけもずいぶん変わってきたんじゃないですか？

〈斎藤社長〉そうですね。知財のない企業には、営業のプライドも育ちません。知財は当社のプライドでもあると現在は考えています。さらに知財は、企業の根幹であり、やる気の根幹だと思います。発想力がよい提案につながるという意味でも、知財は非常に身近な存在だと感じています。当社は中小企業ですから、発想力が勝負です。社員全員で発想するという体制がどうしても必要なんです。

（中略）

〈塚越氏〉　最後に本誌読者に向けてメッセージをお願いします。
〈斎藤社長〉　特許の存在によって、ビジネスの根幹がしっかりしてくると、営業もしやすくなります。同時に、社内のモチベーションも上がって、発想力が強化されてくるのです。私は「技術営業力」と表現していますが、技術（知財）と営業は表裏一体です。どちらか一方では企業の経営は成り立ちません。営業部門が自信を持って活動するには、技術（知財）による裏付けが欠かせないのです。

三〇歳前後の若い社員が多く、社内で重要な役割を担っていることもフィーサの特徴の一つです。このインタビュー記事からも感じられるように、斎藤社長は社員を育て、社員のやる気を引き出すことをとても重視しています。

特許をはじめとする知的財産の存在が、会社のプライドにつながる――このインタビュー記事に興味をもち、筆者も斎藤社長にインタビューする機会をいただきました。

新卒の社員を積極的に採用し、新しいことにどんどんチャレンジさせることで、人を育てていく。その過程で育まれる愛社精神が、会社を支える強みになる。若い人が集まり、愛社精神が育つような会社にするためには、やはりユニークな存在でなければいけないし、特許の存在を積極的にＰＲし、周囲から注目してもらうことも必要だ。そういうお話を聞かせていただきました。

フィーサはいま、海外展開にも力を入れています。アジアに進出する日本メーカーや、現地のメーカーのニーズに応えられるように、タイには工場を、中国には営業拠点を設けました。アジアに進出して気づくようになったのが、「日系企業であることの安心感」という、日本のメーカーとしての強みだそうです。

大量に製品が製造、販売、消費される部品の分野では、やはり価格が重要な競争要因です。特許があるという理由だけで、競争に勝てるわけではありません。特許があるという理由だけで、取引先との交渉が有利になるわけでもありません。そうした環境下にあっても、確かな強みとして感じられるのが「日系企業だから安心だ」という信用力、ブランド力だそうです。こういったアジアでの事業環境から考えてみても、特許には技術を守るという側面だけでなく、ブランド力を高める役割も期待されることになるのでしょう。

「知的財産」を意識し、知的財産マネジメントに積極的に取り組む元気な中小企業には、どうして「気持ちのよい挨拶に迎えられる」という共通点があるのか。その謎を解く鍵は、おそらくここにあります。

知的財産にかたちをつける過程で、他社にはないユニークさ、自社のオリジナリティがはっきりとみえてくる。知的財産権がそのオリジナリティの客観的な証明になる。知的財産の存在が周囲の注目を引き寄せ、「小さいけれどもおもしろい会社、すごい会社」という評判が聞こえてくる。そうやって、たとえ全国的には知られていない中小企業であっても、「わが社はほかにはない、特別な会社だ」という自信や誇りが生まれる。その自信や誇りが「わたしの会社」「わたしの仕事」という当事者意識を育み、元気な挨拶、気持ちのよい挨拶を引き出しているのではないでしょうか。

社長を訪ねてきた来客であっても、社長のお客様はわが社のお客様、わが社のお客様は私のお客様。そのように感じることができるからこそ、お客様が自分を訪ねてきたときと同様に、「いらっしゃいませ」という言葉が自然に出てくるのではないでしょうか。

4 会社が元気になる理由の本質

説明がうまいこと、気持ちのよい挨拶に迎えられること。この二つが、元気な中小企業にみられる共通の特徴でした。

会社の特徴、製品の特徴の説明がとても理解しやすく、社員の対応がとても気持ちよい。そういう会社には、ファンがふえ、応援団が集まってくる。そうなると、働いている社員だけでなく、周囲の人々のパワーも生かすことができるから、会社がイキイキと元気になり、事業が大きく広がっていく。

こうした好循環の起点となる元気な中小企業に共通する二つの特徴について、ここまでは知的財産との関係からみてきました。知的財産のなかでも、特許を中心とした技術にスポットを当ててきたため、これまでに紹介した例は、製造業がほとんどです。そこで一つ、サービス業の例もみておくことにしましょう。

説明と挨拶、表面的にはこの二つの特徴が表れていますが、各々の特徴の本質的な意味はどこにあるのでしょうか。いま一度、振り返っておきましょう。

説明がうまいこと。上手に説明できる背景には、自社の強みとなる要素を、客観的にとらえられているという事実があります。思い込みではなく、客観的に。そしてその強みを、独りよがりではなく、説得力をもって外部に表現する手段をもっていること。説明がうまいという特徴の本質的な意味は、この客観性のある理解と、説得力をもった表現手段にあるといえます。

気持ちのよい挨拶の背景には、一人ひとりの社員の、仕事に対する強い当事者意識がありま す。一人ひとりの社員が「わが社はほかとは違う、特別な会社だ」という誇りをもって、その力が存分に引き出されているからこそ、人数は少なくてもパワフルに仕事を進めることができるのです。気持ちのよい挨拶に迎えられるという特徴の本質的な意味は、仕事に対する誇りに裏付けられた、社員の当事者意識の強さにあるといえるでしょう。

つまり、先に説明したような好循環を生み出すために必要とされることの本質は、自社の強みを客観的にとらえ、説得力をもってその強みを表現する手段をもっていることと、社員の仕事に対する誇りと当事者意識を育む仕組みが備わっていること、この二つにあると考えられます。これらの仕組みがなんらかのかたちで備わっているならば、必ずしも知的財産マネジメントでなければならないというものではありません。

大阪府高槻市にある環境機器株式会社は、一九六九年に設立された、業務用防虫防疫資材の専門商社で、二〇〇〇年に二代目の片山淳一郎社長が就任してから、さらなる成長を目指し、今日までさまざまな改革に取り組んでいます。単なる資材の卸売業者ではなく、自社を「防虫専門コンサルティング商社」と位置づけ、顧客に積極的な提案を行い、業界をリードする企業としての存在感を増してきています。業界が縮小傾向にあるなか、同社の業績は順調に拡大を続け、業務用防虫資材の販売では国内トップシェアを占めるなど、まさに元気で前向きな中小企業です。

その環境機器で、自社の強みを客観的にとらえ、それを表現する手段として、さらに人の力を引き出す仕組みとしても効果を発揮している、二つのユニークな取組みを紹介しましょう。

一つは、何度も改良を重ねている社内の情報共有システム、もう一つは、防虫事業者向けに毎年各地で開催している「レベルアップセミナー」です。

同社がＩＴ技術を活用した情報共有の仕組みを導入したのは、二〇〇〇年にまでさかのぼりま

図表１－４－10　環境機器㈱の取扱商品より

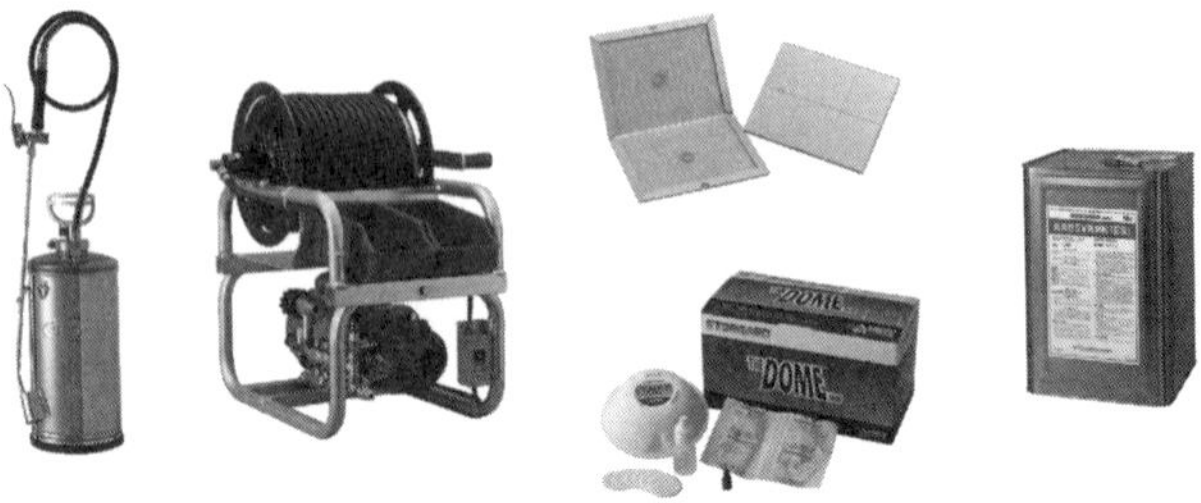

す。以降、グループウェアのパッケージソフトを導入、クラウドサービスの利用への移行など、さまざまな試行錯誤を繰り返し、必要な機能を見直してカスタマイズを加えながら、二〇一〇年に現在の情報共有システムの運用がスタートしました。

このシステムには、社員が日々の業務に関する日報を入力しますが、二つの重要なポイントがあります。一つは、販売実績などの数値情報を管理するシステムと連動していること。もう一つは、書き込まれた日報を全社員が閲覧、共有するルールになっていて、コメントの入力も可能であるということです。

まず、数値情報を管理するシステムとの連動が、なぜ重要なのか――。

日報のように定性的な情報だけを共有しても、どこまでの情報が現実で、どこからがその担当者の目標や願望なのか、情報の性質を正確に把握することができません。熱心に希望的観測だけを報告する担当者もいれば、よい活動をしているのに文章が苦手で、うまくアピールできていない担当者もいるからです。ゆえに、主観に流れやすい定性情報だけでなく、客観的な定量情報による裏付けが必要になります。

逆に、定量的な情報を提供するだけでも不十分です。数値情報だけだと、その数値をどのように解釈すればよいのかがわからない、あるいは、人によって解釈がバラバラといった状況に陥ってしまいかねず、それでは情報を共有する意味がありません。一見数字が伸びていても、その背景にあるニュアンスは、数字だけではわかりません。もちろん、数字が低迷していれば、その背景にある事情を担当者にヒアリングすることも大事。このように、情報共有で効果を上げるには、定性情報と定量情報の双方をリンクさせて共有することが必要です。そうすることによって、客観性をもった意味のある情報を共有することができるということなのです。

また、全社員がコメントできることが、なぜ重要なのか——。

日報は他部門のメンバーも、社長も、全員が閲覧することがルールになっています。未読の日報はシステム上、トップ画面に表れるように設定されています。そして、未読日報を全部読む、コメントも全部閲覧することが、業務の重要な一部となっているのです。このように、日報の記入と閲覧が「義務化」されることによって、確実に日々の活動が共有されます。たとえば、営業担当が顧客への提案で悩んでいることを書き込めば、製品のことをよく知る開発担当からアドバイスのコメントが入るかもしれません。何かの目標を達成できたことを書き込めば、他のメンバーから「さすがだ」「よかったね」というコメントが入ることもあるでしょう。担当が変わったときには、前の担当者からのアドバイスもコメントに入ります。会社の業績に大きな影響が生じかねない事項や、逆に、大きなチャンスになるかもしれないできごとが書き込まれたら、社長にすぐにその情報が伝わり、すみやかに対策を打つことも可能です。こうやって、社長がいつもリアルタイムでみている、仲間がみているという環境が、一人ひとりの仕事に対する責任感を育み、いい仕事をしよう、という意欲を引き出すのに役立っているのです。また、自分の仕事を社長や他の社員がどのようにみているのか、常に他者の見方をコメントで知ることができるため、仕事の状況を客観視することにも役立つものとなっています。

片山社長は、この日報の意義を次のように説明されます。

「まあ言ってみれば、仕事の『見える化』ですね。『見える化』するうえで大事なことは、『見ようとすれば見ることができる』レベルではだめで、見ることをルール化し、勝手に『見えてしまう』レベルの仕組みをつくりあげることです。

人は思った以上に面倒くさがりですから、自然に見えてしまうところまでもっていかないと、なかなか情報共有は進みません。日記でも書くように日報を書き込み、何となく気になるから他の人の日報を読んでみて、ブログにコメントするかのように、あるいは『いいね！』のボタンを押すかのように、気楽にコメントを書き込む。そうすることで、だれが何を考え、何をやっているかをみんなで共有する。それだけでなく、数字もガラス張りで、社長のコメントなどを通して、会社が動いている方向や会社の理念をいつでも確認できる。こんな『見える化』が実現できれば、社員は自分の会社での役割を自覚し、自立的に動けるようになって、会社は自然に伸びていくのではないでしょうか」

「見える化」によって社員の責任感ややる気を引き出すことに加えて、仕事の成果を客観視することできる。情報共有システムがそういった重要な役割を果たしている、ということだったのですね。

もう一つの仕組みであるレベルアップセミナーは、同社の顧客である防虫事業者向けの参加費無料のセミナーです。毎年、春と秋の二回、全国の主要都市で開催され、業界の最新情報や最新の技術動向、注目のテーマ解説など、まさに参加者がレベルアップのために求めている情報が盛りだくさんで提供されています。同社がもっている有益な情報を一挙に公開し、その強みをわかりやすく表現する手段、とみることもできるでしょう。

片山社長は次のように語っています。

「わが社の強みを、社外にも、社内にも、みえやすいかたちにして表現すれば、実体としてわかりやすくなり、世の中にも普及しやすくなります。

どんなことでもそうですよね。英語が得意であることをあれこれ説明するよりも、『留学経験がある』『資格がある』といったほうが話は早く、英語を使う仕事が回ってきやすい。自分がいろいろ考えてきたテーマについて延々と説明するよりも、『本』というかたちで示したほうが一目置かれやすく、いろんな機会に声をかけてもらいやすい。技術力があることをくどくど説明するよりも、『特許』にしてみせたほうがわかりやすいし、世の中に広まりやすい。

強みをうまく外に向かって『見える化』することで、それがビジネスに有用なパーツとして、広く使われるようになっていくんです。そのパーツと人材をどうやって組み合わせ、収益をあげるか、そこがまさに『経営』なんですが……」

わが社だからこそ得られる情報を、業界の関係者に定期的に披露する場を設ける。業界をリードする情報をわが社が提供しているということは、その場を準備する社員の誇りにもつながります。このセミナーのプログラムでは、同社の技術担当者や技術顧問がメイン講師として登壇します。また、銀行勤務経験があり、海外とのネットワークも豊富な片山社長による経営セミナーのほか、海外から特別講師を招いて、最新の海外情報を提供することもあります。自社の社員が前面に出ることで、同社に対する顧客の評価も高まります。同社では、昆虫学や薬学を専攻した社員を採用して、防虫関連の研究や商品開発に取り組んでおり、レベルアップセミナーはその成果を披露する場でもあるのです。このセミナーは、研究開発を担当する社員のやる気を引き出す要素の一つにもなっていることでしょう。

情報共有システムとレベルアップセミナー、この二つの仕組みが、会社を元気にするうえで、大きな役割を果たしています。仕事の成果の客観視、説得力をもった自社の強みの表現、社員の仕事に対する誇りと当事者意識の向上に、これらの仕組みが効果的にはたらくことによって、元気な会社の好循環が回り出す。知的財産マネジメントが機能しているケースと、本質的な違いはありません。

根っからのスポーツマンである片山社長は、マラソンを走るのが趣味だそうです。毎年走っている那覇マラソンには、約三〇人の正社員の半数くらいが社長と一緒に参加しているとか。そんな話からも、元気な会社の雰囲気が伝わってきますね。

片山社長が走っているのは、マラソンだけではありません。日本国際民間協力会という公益社団法人の副理事長として、いまも忙しい社長業の合間を縫って、東日本大震災被災者支援のために東北地方を走り回り、さらにパレスチナやマラウイなどの海外事業地も飛び回っています。その公益活動には、専門性をもった社員も参加して、おおいに貢献しているそうです。社員が一緒であるところもマラソンと同じ。こうした取組みも、「わが社にしかできないことをやっている」という、仕事のやりがいにつながっているのではないでしょうか。

5 これから知的財産への取組みを始める中小企業の皆様へ

もう一度、話を知的財産に戻します。第1部の最後になりますので、これから知的財産について考えてみよう、知的財産への取組みを始めてみよう、という中小企業の皆様にお伝えしたいことをまとめておきます。

ある中小企業の社長に、知的財産関連のセミナーへのご登壇をお願いしたときの話です。筆者から講師の依頼を打診する際に、このように伝えました。

「社長、実はセミナーに集まるのは、知的財産関連の仕事をしている人ばかりです。ですから、営業やパートナー発掘の機会になるわけでもありません。社長の貴重なお時間をいただくのに、あまり御社にはメリットがなさそうなお願いで、大変恐縮なのですが……」

すると、予期せぬお答えが返ってきました。

「いや、土生さん、いいんですよ。こうやって私が声をかけていただいているのは、社員にもわかっているはずです。講師として出かけていく私の姿を見て、社員が『うちの会社って、注目されているんだな。よしっ、仕事、頑張るか』と少しでも感じてくれれば、私の時間は大した問題じゃありませんから」

会社を動かしているのは、一人ひとりの人間です。その人間の気持ちが動かなければ、どんなに立派な知的財産があっても、会社を変えることはできません。

特許がとれた。商標を登録した。せっかくの機会です。お金をかけて権利をとるんです。たくさんの社員が一緒に喜べるものを。ちょっとうれしくなって、「もっと仕事を頑張ってみようか」と思えるようなものを。周囲の協力者にも、「おっ、頑張っているね！」と応援してもらえるようなものを。

理屈だけでなく、人の気持ちが動くような、知的財産への取組みを始めましょう。社長室に閉じこもり、弁理士を呼んでヒソヒソ話をして、社員に「あー、何士だっけ？　税理士かな？　どうせまた、節税の相談でもしているんでしょ」と思われてしまっては、元も子もありません。

知的財産への取組みを通じて、「うちの会社は、ほかとは違うな、ちょっとすごいな」と思えるような、会社のプライド、仕事に対する誇りを育んでいきましょう。そして、気持ちのよい挨拶と笑顔が絶えない会社をつくっていくことを目指しましょう。

これから知的財産への取組みを始めようという中小企業の皆様に、知的財産制度のむずかしい話をする前に、最初にお伝えしておきたいメッセージです。

第2部

中小企業の力で「ニッポン」を元気にしよう！

第1章

中小企業を再考する

ここからはマクロに視点を移して、中小企業について考えてみることにしましょう。

第1部でみてきた、日本の各地に存在する元気な中小企業。こうした中小企業によって、地域を、ニッポンをどのように変えていくことができるのか。そういうテーマについて考えていきたいと思います。

1 「中小企業」は弱者なのか

本書のテーマである「中小企業」。

冒頭にも書きましたが、この言葉からどのような企業をイメージするでしょうか。

大企業の下請け、零細な下町の町工場、デフレ経済・円高不況で仕事が激減、人材不足、後継者難……暗い言葉のオンパレードになってきてしまいました。いつも大企業に叩かれて、資金も人材も不十分、デフレや円高に苦しめられている……「中小企業」というと、どうしても弱者というイメージがついて回りがちです。経済が深刻な状況になると、いつも「中小、零細はどうなるんだ!」「政府がしっかりサポートしろ!」といった論調があふれてきて、中小企業金融円滑化法などは最たるものでしたが、中小企業支援というと弱者救済的なイメージになりがちです。

しかし、この「中小企業＝支援が必要な弱者」という構図、私たちはこういったイメージにとらわれてしまっていてよいものなのでしょうか。

もちろん、全国に約四三〇万社ある中小企業のなかに、公的なサポートを求めている企業はたくさん存在しています。弱者救済的な中小企業施策が求められているのも事実でしょう。しかし、中小企業に分類される企業が、そういった企業ばかりというわけではありません。第1部で紹介したように、日本の各地には、元気で前向きな中小企業が数多く存在しています。そういった企業の経営者と話がはずみ、政策論にまで話題が及んだとしても、「景気のせいだ、政府に何とかしてほしい」なんてセリフは、決して出てきません。むしろ、「政府は何をやっているんだ！」と喝を入れるような口調になってくるくらいです。俺たちは困っているから助けてくれ、ではなく、俺たちも頑張っているんだからもっとしっかりやってくれ、といったトーンです。

中小企業に分類される企業のなかにも、そうやって自立心があり、前向きに頑張っている企業がたくさん存在しています。「支援が必要な弱者」というイメージで一括りにしてしまうのではなく、もう少し違った角度から中小企業を見直してみるべきではないでしょうか。

2 従来のイメージと一線を画す元気で前向きな中小企業

第1部で紹介した各社のように、知的財産を核にユニークな活動を続けている、元気で前向きな中小企業。こうした中小企業は、大都市圏ばかりに集中しているのではなく、日本の各地に存在しています。

だからといって、単純に「日本の中小企業は元気ですよ」などと能天気なことをいっているわけではありません。ここで強調しておきたいのは、本書で紹介した中小企業、つまり、知的財産という切り口で注目した中小企業の多くは、一般的にイメージされる「中小企業」とは一線を画している、という事実です。そういった従来のイメージとは一線を画した中小企業が、日本の各地に存在している。そういう事実です。

これらの企業を、普通に「中小企業」と呼んでしまうことには、少々違和感を覚えることがあります。中小かどうかという規模で分類することが、はたして適切なのだろうか。こうした企業は、むしろ規模とは違う部分で共通の特徴を有しており、規模以外で分類した見方もできるはずです。規模だけをものさしにして、「中小企業」というグループに分類してしまうのではなく、切り口を変えて違った見方をすることで、こうした企業の本質がみえてくるのではないでしょう

図表２－１－１　中小企業の定義

業種分類	中小企業基本法の定義
製造業その他	資本金の額または出資の総額が３億円以下の会社または常時使用する従業員の数が300人以下の会社および個人
卸売業	資本金の額または出資の総額が１億円以下の会社または常時使用する従業員の数が100人以下の会社および個人
小売業	資本金の額または出資の総額が５千万円以下の会社または常時使用する従業員の数が50人以下の会社および個人
サービス業	資本金の額または出資の総額が５千万円以下の会社または常時使用する従業員の数が100人以下の会社および個人

（出所）　中小企業庁ホームページより。

か。

そもそも「中小企業」とはどのような企業を指しているのでしょうか。中小企業基本法では、中小企業政策の対象になる中小企業について、従業員規模と資本金規模の基準が業種別に定義されています（図表２－１－１、ただし、法律や制度によっては、対象となる中小企業の基準が異なる場合もあります）。ところが、企業を分類するうえで、規模というのはあくまで一つの要素でしかありません。規模を基準にした、大企業、中小企業という区分が、唯一無二の分類というわけではないのです。

たとえば、「ベンチャー企業」と呼ばれる企業はどうでしょうか。どういった条件を満たす企業であれば、ベンチャー企業に分類されるのでしょうか。「中小企業」とは異なり、「ベンチャー企業」には明確な定義がありません。あえて客観的な基準で測ろうとするならば、新しい企業が多いということで、設立からの年数が関係してくるかもしれません。ところが、設立からの年数を基準にするにしても、五年なのか、一〇年なのか、どこに線を引けばよいかはきわめてあいまいです。ベンチャー企業と呼ぶかどうかの判断は、そういった数値で測れる客観的な基準ではなく、企業の性質をみながら個別に判断されているのが実際のところです。

では、ベンチャー企業と呼ばれる企業には、どのような共通の性質がみられるのでしょうか。言い換えれば、私たちはどのような性質を備えた企業のことを、ベンチャー企業と呼んでいるのでしょうか。

① 独自の製品やサービスを開発して、事業を展開している。
② 政府や特定の大企業を頼らず、自立する覚悟がある。
③ 将来に向けた投資に積極的である。
④ 成長のスピードが速い。
⑤ 株式の公開を目指し、外部資本も受け入れている。

おそらく、こんなところでしょう。従業員や資本金の規模、設立からの年数といった、客観的に判断できる基準があるわけではありません。多分に主観的なものにはなりますが、企業の性質を基準に判断されているのが「ベンチャー企業」と呼ばれている企業です。

さて、ここに並べてみた、ベンチャー企業の性質。何となく、第1部で紹介した、知的財産を核に活躍する元気で前向きな中小企業と、重なる部分があるように思えませんか？

ここにあげたベンチャー企業の性質が元気な中小企業にも当てはまるかどうか、順番にみてみることにしましょう。

① 独自の製品やサービスを開発して、事業を展開している。
② 政府や特定の大企業を頼らず、自立する覚悟がある。
③ 将来に向けた投資に積極的である。

この三つの点については、そのまま元気な中小企業にもみられた性質です。①～③は、ベンチャー企業と元気な中小企業に共通する特徴といえそうです。

続いて、先ほどの④と⑤。これらはちょっと違う印象です。④については、短期間での成長を目指すのではなく、着実に実績を積み重ねている企業がほとんどです。⑤については、外部資本を受け入れている企業もあるかもしれませんが、おそらく少数派です。資金面を支えているのは、地方銀行や信用金庫などの地域金融機関というケースが多いように思います。

では逆に、ベンチャー企業にはみられない共通の特徴は存在しているのでしょうか。一つ考えられるのは、地域にしっかりと根をおろし、地域で存在感を発揮しているということです。ベンチャー企業が大都市圏にしか存在していないというわけではないのですが、地方都市で創業したとしても、成長志向の強いベンチャー企業は、より大きな市場や最新の情報へのアクセスのよさを求めて、大都市圏に本社機能を移すというケースが少なくないように感じます。

地域に根をおろし、地域で存在感を発揮していること。これも、知的財産を核に活躍する、元気で前向きな中小企業にみられる特徴の一つです。

いくつかの違いも見つかりましたが、ベンチャー企業と元気な中小企業、実は、共通する部分が少なくありません。米国経済が低迷期を脱するときには、シリコンバレーを中心に発生したベンチャー企業群が、牽引役としてする大きな役割を果たしました。ニッポン各地にある元気な中小企業にも、そんな役割を期待することができるのでは……。

第2章

元気な中小企業の力で日本経済を活性化

1 「ベンチャー企業が育たない」と嘆いてばかりいても仕方がない

筆者が前職でベンチャーファイナンスを担当したのは、一九九五年から二〇〇一年の間でした。第三次ベンチャーブームやITバブルが起こった時期と重なります。日本でも、この時期には、ベンチャー企業に大きな期待が集まりました。次々とベンチャービジネスが生まれるシリコンバレーのように、成長の牽引役となるベンチャー企業を育成し、日本経済を活性化しよう。そんなムードが盛り上がっていました。

その頃によく議論になったテーマがこれです。

「日本では、どうしてベンチャー企業が育ちにくいのか」

米国との比較で、足りない要素がいろいろあげられました。ベンチャー企業が株式を公開しやすい新興企業向けの市場。スタートアップ段階から資金を供給するベンチャーキャピタル。スタートアップの時期に必要なサポートが受けられるベンチャー企業のための施設。そういったインフラに関するものだけでなく、実績重視の政府や大企業はベンチャー企業からの物品の購入に消極的、大学が象牙の塔と化してしまっている、優秀な学生ほど大企業への就職を希望する、といった文化論にまで議論の対象が及んだものです。そうした議論が、東証マザーズやナスダック・ジャパンといった新興企業向け市場の開設、銀行や保険会社、事業会社までもが競ってベンチャーキャピタルを設立、インキュベーターと呼ばれるベンチャー企業を育成するための組織や施設の増加、といったインフラ整備へとつながりました。産学連携、大学発ベンチャーといったテーマも、こうした文脈から注目されるようになったものです。

ところが、その後の状況はどうだったでしょうか。

二〇〇〇年には二〇〇社を超えていた新規株式公開の件数が、二〇〇九年には一九社にまで激減。ITバブルの崩壊、ライブドア・ショック、リーマン・ショックなどが、ベンチャー企業にも大きな打撃を与えました。こうも出口がしぼんでしまってはベンチャーキャピタルもやっていけません。縮小、撤退が相次ぎ、すっかり影が薄くなってしまいました。インキュベーターはいまやご隠居さんが集うインキョベーターだ、という笑えない冗談を耳にしたこともあります。二〇一〇年以降の新規株式公開件数はようやく回復基調になってきましたが、それでも年間五〇社程度と、ピーク時には遠く及びません。

そうしたなかで、また以前のようなテーマが議論されることがあるようです。なぜ、日本ではベンチャー企業が育たないのか——優秀な学生が大企業志向で、起業家が生まれにくいからだ。金融機関がリスクをとろうとしないからだ——どこかで聞いたような話です。またもや、カルチャーの違いやら何やらが論じられている……。

しかし、いつまでも同じ議論を繰り返してばかりでは進歩がありません。一五年以上前から、いや、おそらくもっと前から、同じことがさんざんいわれてきたはずです。それでも、カルチャーなんて、そんなに簡単に変えられるものじゃない。そもそも、カルチャーって、変えるべきもの、変えていいようなものなのだろうか。

たとえば、ベンチャー企業が新規事業に思い切った投資をしたい場合に、シリコンバレーのベンチャーキャピタルだと、日本の金融機関とは一桁、二桁違うような金額を投資します。ところが、日本の金融機関は実績主義。ビジネスプランだけでお金を出せるはずがありません。その違いをもって、「日本は金融機関が実績主義で、リスクをとらないからダメなんだ」といった論調を耳にすることがありますが、そんなふうに他人事のようにすませられる話なのでしょうか。

結局のところ、金融機関のビヘビヤーを決めるのは、金融機関への資金の提供者です。元本保証で預かっているお金、確実に運用しなければならないお金を、そんなリスクのある事業に提供できるはずがありません。ベンチャーキャピタルが活発に動くかどうかも、ベンチャーキャピタルに資金が集まるか、そして出口である新興企業向けの市場で株式を買ってくれる人がいるか、によって決まります。金融機関がリスクをとるかどうかは、結局のところ、お金を預ける側の一人ひとりが、リスクをどれだけ許容しているかによって決まることです。カルチャーというのは、一人ひとりの行動やマインドによって形成されるものであって、他人事のような議論で変えられるはずがありません。

おそらくこれは、かなり根の深い問題です。日本でもシリコンバレーのようにベンチャー企業が次々と登場して、経済成長の牽引役になるというストーリーの実現は、容易なことではないでしょう。もちろん、その可能性がないといっているわけではなく、日本にだって、ベンチャーキャピタルの投資を受けて急成長し、株式公開を実現したベンチャー企業が数多く存在しています。厳しい環境のなかでも頑張っているベンチャーキャピタルや、ベンチャー企業のサポート役として実績を出しているプロフェッショナルも存在します。筆者自身も、ベンチャー企業のサクセスストーリーにかかわるプロフェッショナルになりたいという思いから独立開業し、いまでもベンチャー企業関連の仕事はワクワクしながら引き受けています。

しかし、経済成長の新しい牽引役を、ベンチャー企業だけに期待していていいものなのか。日本には、日本のカルチャーにあった、シリコンバレー・モデルにも負けないような日本型の成長モデルも追求していくべきではないでしょうか――。

2 各地にある元気な中小企業が成長の担い手に

(1) 元気な中小企業が日本型成長モデルの担い手に

そこで浮かび上がってくるのが、これまでに紹介してきたような、日本の各地で知的財産を生かして頑張っている、元気で前向きな中小企業の存在です。弱者のイメージとは一線を画した、元気な中小企業。こういった企業が各地でどんどん登場して、地域経済、そして日本経済の牽引役になっていけないものでしょうか。

前章で考えた、ベンチャー企業と呼ばれる企業との共通点、相違点をもう一度振り返ってみましょう。元気な中小企業がベンチャー企業と共通するのは、次のような性質でした。

① 独自の製品やサービスを開発して、事業を展開している。

② 政府や特定の大企業を頼らず、自立する覚悟がある。

③ 将来に向けた投資に積極的である。

オリジナリティがあり、そのオリジナリティを事業の推進力にしているということ。実はこの部分において、両者はとてもよく似ています。

そして、ここにあげた三つの共通点は、いずれも自らの力で新しい価値を生み出し、新しい市場を切り開いていくのに必要とされる性質です。需要不足に悩む日本の現状において、成長のために求められているのは、既存の市場を奪いあうだけのプレーヤーではなく、新しい需要を創造し、新しい市場をつくることができるクリエイティブなプレーヤーです。ベンチャー企業と同様に①～③の性質を備えている元気な中小企業は、十分に経済成長の担い手として期待できるプレーヤーではないでしょうか。

次に、元気な中小企業がベンチャー企業とは異なる性質、元気な中小企業の特徴ともいえる性質です。一つ目は、成長のスピードを重視するのではなく、着実に実績を積み重ねていくスタイルをとっていること。二つ目は、主に資金面を支えているのが、ベンチャーキャピタルのような投資会社ではなく、地方銀行や信用金庫などの地域金融機関であること。一つ目と二つ目の特徴は、ある意味、表裏一体の関係にあるともいえます。ベンチャーキャピタルからの投資を受けたベンチャー企業は、原資である投資ファンドの運用期間との関係から一定の期間内の成果が求められ、成長を急がざるをえません。一方の地域金融機関から融資を受ける中小企業は、確実に返済することが第一なので、成長のスピードより着実な実績の積重ねを要求されるからです。

そして三つ目の違いは、地域にしっかりと根をおろし、地域で存在感を発揮していることでした。

このように比較してみると、オリジナリティがあり、それを事業の推進力にしているという点において、両者はよく似ています。異なっているのは、必要な資金を調達する仕組みと事業展開におけるスタンスの部分だけです。

株式公開を目標に据え、ベンチャーキャピタルなど外部からのまとまった投資を積極的に受け入れ、新規事業に果敢に投資して、比較的短い期間で大きな成果を得ることをねらうベンチャー企業。これに対して、知的財産を生かして頑張っている元気な中小企業は、会社の基盤を固めることを重視して着実に実績を積み重ね、地域金融機関のサポートを受けながら、地域に根差して長く存続していくことを強く意識しているように感じます。

各地の元気で前向きな中小企業が、日本型成長モデルの担い手となりうるのだろうか――。ベンチャー企業との違いである地域金融機関との関係、地域との関係について、もう少し考えてみることにしましょう。

(2) 各地の中小企業をサポートする地域金融機関

資金面を支えるプレーヤーの違いである、ベンチャーキャピタルと地域金融機関。金融機関としては対極にある存在のようにみえるかもしれませんが、実は、両者にはよく似た部分があるように感じられます。

どちらも企業と密に付き合い、財務諸表には表れないような企業の実態もしっかりと感じとりながら、人と人との付合いを重視して資金を提供している、そういう部分です。ベンチャーキャピタルと聞くと、なにか高度な金融技術を駆使する機関で、証券会社（投資銀行）やメガバンクに近いイメージをもたれることがあるかもしれませんが、実態はそうではありません。筆者の経験からしても、ベンチャーキャピタルの業務は、人と人とのベッタリとした付合いを伴うものです。投資先の発掘には、おもしろそうな企業を紹介してくれる人とのネットワークや、とにかく現地に足を運ぶ積極的な企業訪問がモノをいいます。投資をした後も、投資先にこまめに通って状況を確認し、社長ともこれからやるべきことをあれこれ話し合う。こうした仕事のスタイルは、リレーションシップ・バンキングの機能強化に取り組む地域金融機関と、まさに共通するものといってよいでしょう。

このようにいうと、

「そんなことはない、日本の銀行は融資を判断する際には決算書しかみていない。一時期の貸剥がしだって、ひどいものだった」

といった声が聞こえてきそうです。個別にみるとそういったケースもあるのでしょうが、ここでは、リーマン・ショック後に貸剥がしが社会問題となっていた頃に、ある信用金庫の方からうかがったお話を紹介しておきたいと思います。

「私たちのように、特定の地域で仕事をしている信用金庫には、貸剥がしなんて、そんなに簡単にできるものではありませんよ。個人としても地域社会で生活しているわけですから、あまりに不条理な貸剥がしなんてやっていたら、地域で生きていくことができません。遠くに転勤になったのでサヨウナラ、っていうわけにもいきませんしね。私たちのような仕事は、地域のお客様と一緒に、ずっと地域社会のなかで生きていく、そういった覚悟がなければやっていけないんです」

人と人との付合いで仕事をすることが多くなる背景には、そういった構造的な要因もあるということなのですね。

また、第1部で紹介した鹿児島県南さつま市にある株式会社エルムの宮原社長は、地域金融機関と取引するメリットについて、次のように話してくださいました。

「やはり、トップと会えることが大きいですね。中小企業でも頑張っていると、地域金融機関のトップの方に会う機会をいただけたりするものです。鹿児島のために頑張ろうという意識をトップと共有できると、とても大きいです。そういったお付合いができると、取引の方針も簡単にぶれることがありませんから。必要な時にまとまったロットを出していただけるという面では、メガバンクとのお付合いも大切ですが、そうやって安心してお付合いできるところが地域金融機関のよさですね」

トップの顔がみえる付合いをして、顧客に安心感を与えることができる。地域金融機関からみると、そこが地域を拠点に活動する金融機関ならではの強みということです。

また、別の信用金庫では、こういったお話をうかがったことがあります。

「私たちのように地域でずっと仕事をしていると、周囲からいろいろな情報が入ってきます。あの会社はしっかりした仕事をして頼られているとか、あの会社は最近いろいろ引合いが多いみたいだとか、そういった地元の企業に対する周囲の評価が、おのずと耳にはいってくるんです。融資の判断をする際には、こういう情報こそが貴重です。お客様の技術そのものを理解することはできなくても、周囲から技術力を評価されている会社なのか、その技術の評判がいいかどうかとか、そこから判断していけばよいわけですから」

もう一五年くらいになりますが、筆者が米国出張でシリコンバレーバンクを訪問した際にも、同じような話を聞いたことがあります。私たちは技術そのものを理解し、技術そのものを評価して融資をしているわけではない。ここに根差して活動していると、ベンチャーキャピタルを通じて、企業の現状について生きた情報が入ってくる。そうした情報を生かせば、技術そのものの評価ができなくても、返済の確実性を判断することはできる。だから、ベンチャー企業との取引が多くても、貸倒率をきわめて低い水準に抑えることができるのですよ、と。

こうした生きた情報を得られることは、地域に根差した地域金融機関ならではの強みです。元気な中小企業の活躍による日本型成長モデルを資金面から支える存在として、地域金融機関には頑張ってもらわなければいけません。

(3) 地域に根差して活動することの意味

次は、地域との関係です。

知的財産を核に地域で活躍している、ユニークでオリジナリティのある元気な中小企業。こうした中小企業は、なぜ東京や大阪などの大都市圏に、より大きな市場を求めて集まってこないのでしょうか。

そもそも大都市圏ではなく地方に拠点を置く強みは、いったいどこにあるのでしょうか。この点について、以前に、株式会社エルムの宮原社長に質問したことがあります。そのときのお答えは、

「地方には企業が少ないので、分業がしにくい状況にあります。だから、なんでも自社でやらなければならない。当社には、ハード、ソフト、メカ、さまざまな分野のエンジニアが集まっています。その結果、当社で扱える仕事の領域や考え方の幅が広がって、商品開発の発想も多様になってくるというのはあると思います」

というものでした。合理化や効率化だけでは差異化がむずかしくなっているいまの時代におい

て、製品開発に求められているのは、オリジナリティに裏付けられた斬新な発想力です。そういう発想力は、人造的で無機的な環境のもとでは育ちにくい。だからこそ、自分たちの地元、自分たちの地域に根差して活動していることが、意味をもってくるのではないでしょうか。

宮原社長に最近お会いした際には、このようなお話もしてくださいました。

「最近よく、思うことがあるんです。会社の収益というのは、会社が『社会に存在する価値』に比例するのではないかと。

社会に存在する価値というのは、売上げや利益がいくら、市場シェアがどうだとか、そういうことだけでは決まりません。地元の方が、うちの町にはエルムというおもしろい会社があるよ、と話してくれること。これも社会に存在する価値です。わが社の新社屋にはゲートがありません。とても景色のいい場所なので、花見や月見をして地元の方々にも楽しんでもらう。これも社会に存在する価値です。エルムがあってよかったな、と思ってもらう。会社の収益というのは、そういうものも含めた価値の影響を受けて、決まっていくものなんだと感じます。

それと、仕事を通じて私が皆さんに伝えたいことは、『ものづくりの楽しさ』です。『ものづくりの大切さ』ということがよく強調されますが、『大切かどうか』といった窮屈な議論ではありません。純粋に、ものづくりが『楽しい』ということを伝えたいのです。

仕事が楽しい。仕事が楽しければ、人生が楽しくなる。だから、楽しんで仕事をできることがとても大切で、当社を鹿児島でエンジニアが楽しくやりがいのある仕事をできる場にしていきたいのです」

光ディスク自動修復装置を世界三七カ国に販売し、九〇％を超える市場シェアを獲得している株式会社エルム。世界を相手に仕事をしながら、鹿児島の南さつま市に根差して活動を続けている。強さの理由の一つは、そこにもあるように思えます。

3 考える中小企業・やる気のある中小企業の層の厚さがニッポンの強み

日本の各地に、こうしたユニークでオリジナリティのある元気な中小企業が存在しているということ。日本にいれば、そのことをそれほど不思議に感じないかもしれません。そういえば、うちの地元にもおもしろい中小企業があったな。テレビでこの前、特集されていた中小企業も地方の企業だったよ。読者の皆様にも、心当たりがあるのではないでしょうか。

ところが、日本にいればあまり違和感のないこうした中小企業の存在、特にアジア域内において、他国にはあまり例がない、日本ならではの特徴のようです。

製造業の成長が、特に著しい韓国。その韓国の社会は、有名大学や大企業至上主義といった風潮が強く、産業界においても、サムスンやLG、現代、ポスコといった大企業の存在が圧倒的です。ところが、こうした大企業に部品や素材を供給する中小企業がほとんど育っていないため、日本からの輸入に頼らざるをえず、こうした分野での企業の育成が国家的な課題になっているそうです。知的財産の面でも大企業と中小企業の格差が問題になっており、中小企業向けのさまざまな支援が行われているとのことです（日本貿易振興会・二〇一一年三月発行「特許庁委託事業・韓国知的財産政策レポート」より）。それでも、知的財産に関する中小企業の支援体制は、まだまだ日本との差が大きいようです。知的財産総合支援窓口や発明協会といった中小企業が特許出願について相談できるインフラが、日本の各地には整備されていますが、そのことを知った韓国の知的財産関係者が驚いていた、という話を耳にしたこともあります。

もう一つお示ししておきましょう。ASEAN諸国に関するデータです。

図表2－2－1は、ASEAN諸国について、各国国内の特許出願のうち、内国人（主に現地資本の企業）による二〇一一年一年間の出願件数を示したものです。多い国でも一〇〇〇件を少し超える程度。ベトナムやフィリピンは、なんと数百件しかありません。この数字は内国人全体のもので、現地資本の大企業や個人も含まれているため、ローカルの中小企業となると、さらに少ない数字になるはずです。

一方の日本はどうでしょうか。二〇一一年の中小企業による国内特許出願の件数は、三万

図表２－２－１　東南アジア主要国の特許・実用新案出願件数（2011年）

	シンガポール	マレーシア	タイ	フィリピン	インドネシア	ベトナム
特許	9,794	6,559	1,923	3,196	5,830	3,688
うち内国人	1,056	1,136	812	186	533	301
実用新案・小特許	0	0	1,342	674	292	307
うち内国人			1,234	636	236	193

（注１）　マレーシアは実用新案を含んだ件数（2009年の統計では実用新案は全体の１％程度）。
（注２）　タイは2009年の特許協力条約加盟の影響で外国からの特許出願件数が通常より大幅に少ない数字になっている。
（出所）　各国知財庁ウェブサイト・年報より。

一〇六八件です（特許行政年次報告書二〇一二年版より）。中小企業だけで三万件を超えており、ＡＳＥＡＮ諸国と二桁は違う件数です。

特許を出願するということは、少なくとも出願した本人は、世の中にない新しい発明だと思っているということです。それが、中小企業だけで一年間に約三万件。一年間に三万件もの、主観的には世界初と思われるアイデアが、全国の中小企業から生まれている。そういった、いわれたことをこなしているだけではない、「考える中小企業」が日本の各地に存在しているのです。

これだけのアイデアがさまざまな地域で生まれ、「考える中小企業」が存在している国が、世界にどれだけあるのでしょうか。思い浮かぶとすればドイツくらいですが、おそらく日本という国は、世界的にみても珍しい、「考える中小企業」が多数存在している国と考えてよいのではないでしょうか。

また、新しい技術的なアイデアが生まれたときに、それを特許出願している。あえてお金をかけてでも、特許にしようとしているのです。あえてお金をかけるのだから、それを使って何かをしたいという意欲の表れです。いわれたことさえやっていればよいというのではなく、自らやってやろうという「やる気のある中小企業」が日本の各地に存在している、そういうことの証しでもあるのです。

いわれたことをただこなすだけでなく、自分の力を信じて、自分の頭で考え、自分の力で道を切り開いていく覚悟をもって戦っている中小企業。そういった中小企業が、日本の各地に存在している。年間三万件もの特許出願は、そのことを示しているはずです。おそらくこのことは、アジア諸国の追随を許さない、日本にしかない強みなのではないでしょうか。

東日本大震災後の対応にも表れていたように、日本は「現場力」の国であるといわれています。トップダウンではなく、ボトムアップで現場が実績を積み上げていく。それが日本のカルチャーだとすれば、こうした中小企業の存在は、日本のカルチャーが生み出す「地域の現場力」の表れです。

そういえば日本には、夏の甲子園というイベントがあります。各地の予選を勝ち抜き、勝利を目指してひたむきに戦う地元を代表するチームを、地域をあげて応援する。これもまた日本独特のカルチャーです。地域に根差して、全国に、さらには世界にも戦いを挑む中小企業。どこか通じるものがあるように感じませんか?

産学連携・大学発ベンチャー、シリコンバレー・モデルといった、異文化のよい部分を取り入れることも大切です。しかし、自分たちがもっている本来のカルチャーを見直して、自分たちならではの強さをつくりあげていくことは、もっと大切です。

各地で頑張っている、考える中小企業、やる気のある中小企業。それは、日本のカルチャーが生み出した、日本ならではの強みとなる存在であるはずです。

日本経済を牽引してきた大企業の経営環境がますます厳しくなるなか、こういった考える中小企業、やる気のある中小企業の層の厚さこそが、ニッポンを元気にする鍵になるのではないでしょうか。

4 中小企業の力でニッポンを元気にしよう!

日本の各地で頑張っている、考える中小企業、やる気のある中小企業。

では、ニッポンを元気にするために、そういった中小企業の力をどうやって引き出していけば、第1部で紹介したような、元気な中小企業をふやしていくことができるのでしょうか。

まずは、候補となる企業のスクリーニングです。

全国に約四三〇万社、数ある中小企業のなかから、どうやって考える中小企業、やる気のある中小企業を見つけていくのか。その手段の一つとして考えられるのが、特許や意匠、商標を出願している企業から探すことです。

特許を出願しているということは、少なくとも出願した本人は、世の中にない新しいものを生み出したと考えているということ。つまり、新しいことを「考えている」証しです。商標だってそうです。意匠も同じです。これまでにない、斬新なデザインを「考えている」証しです。独自の名称やマークを使って、自分たちの製品やサービスをほかとは違うものとしてアピールしようと「考えている」証しです。

そして、そうやって考えた結果について、特許や意匠、商標を登録したいと、お金をかけて出願する。ある中小企業の社長は、「適当に考えたアイデアを提案しているのではない、本気でこれはすごいと信じてやっているのだ」という本気度を顧客に示すために、特許を出願していると話されていました。中小企業にとって、特許の出願、取得にかかる費用は、決して安いものではありません。それでもそれだけの価値があると信じている、その本気度を示すために特許を出願している、という意味です。お金をかけてでも特許を出願するということは、それを使って何かをしたいという「やる気」の証しです。

特許や意匠、商標を出願していることには、こんな意味があります。

「オレは違うぞ」、という自己主張です。

「やってやるぞ」、という意思表明です。

特許や意匠、商標を出願している企業を探す。考える中小企業、やる気のある中小企業をスクリーニングする、一つの手段になるはずです。

考える中小企業、やる気のある中小企業が見つかれば、次は、その企業の「説明力」と「挨拶力」を磨くことです。わかりやすい説明と気持ちのよい挨拶で、ファンをふやし、応援団をふやすよう努めること。第1部でもみたように、経営資源に限りがある中小企業は、周囲の力をどれだけ自社に引き込んでいけるかが、元気になるための鍵になるからです。

まずは「説明力」。

その企業にしかない強みを、思い込みではなく客観的な目であぶり出し、伝わりやすいかたちにして表現すること。金融機関や自治体、支援機関には、そのネットワークで、中小企業が強みを表現する機会をたくさん設けていただきたい。ただし、その際に気をつけたいのは、プレゼンテーションやマッチングの機会を設けるだけで十分とは限らないということ。せっかくプレゼンテーションの場が与えられたとしても、思い込みだらけで理解が困難な説明をされてしまっては、せっかくの貴重な機会が台無しになってしまいかねません。

そうした機会の前に、客観性のある、わかりやすいストーリーに基づいた説明資料を用意しておくことが必要です。そこに、知的財産という味付けを加えられると、さらにパンチの効いたものになるでしょう。筆者自身、中小企業の知的財産支援のプロジェクトで、製品と特許の関係などを示したプレゼンテーション資料の作成に何度か取り組んだことがあります。権利の取得やトラブル対応、社内体制の整備だけが知的財産に関する支援ではありません。知的財産に関する情報を使って、中小企業が顧客やパートナーにアピールするためのストーリーとプレゼンテーション資料をつくる。守りを固めることを考えるだけでは不十分。まずは売ってなんぼのもの。こういう取組みにも、もっと力を入れていくべきです。

次に「挨拶力」。

そのためには、「わが社はほかにはない、特別な会社だ」という自信をもち、誇りをもてる会社に育てていくことが必要です。知的財産権の取得は、特別であることを客観的に証明してくれるのに、とても有効な手段です。勤めている会社に対する自信と誇りは、社員の強い当事者意識を生み、日々の業務への真剣な取組みや、気持ちのよい挨拶につながります。自信をもっている製品、サービスだからこそ、自信をもって顧客に勧めることができるのであり、その自信こそが顧客の心を動かすのです。

第1部で説明したとおり、こうした「説明力」や「挨拶力」の強化に、知的財産マネジメントは有効な手段になります。「知的財産」という言葉は、特別であることを示すキーワードにもなりますから。

ただし、知的財産の重要性を伝えよう、知的財産マネジメントの意義を説明しようと、セミナーなどの啓発活動を続けるだけでは、なかなか成果が上がりません。抽象論だけでなく、各々の企業が具体的な取組みを実践することが必要だからです。しかし、いくら実践が大事だといっても、戦略もなく出願やトラブル対応などの各論ばかりを進めるだけでは、これもまた成果にはつながりません。その間をつなぐ、設計がとても重要です。会社が何に悩んでいて、知財マネジメントに取り組むことで、どのようにその悩みを解消していくことができるのか。そのために、社内にはどういった仕組みをつくればよいのか。そうした設計をきっちりとしたうえで、実践に入っていくことが重要です。

中小企業向けの知的財産セミナーなどの啓発活動は、すでに各地で行われています。各々の中小企業が出願などを実践する際に相談できるインフラも、各都道府県に知財総合支援窓口が設置されるなど、整備が進められています。後はこうした一般論と各論をつなぐ設計、そこをサポートする仕組みとして、第1部で紹介した「知財塾」のような仕掛けが有効なのではないでしょうか。

そして、地域にある中小企業のいちばん近いところにいる地域金融機関の皆様には、ぜひ「知的財産」という切り口にも目を向けてみていただきたいと思います。

筆者が、知的財産を担保にした融資制度の立上げを担当していた頃に、次のような話がありました。

何しろ、ほとんどだれもやったことがない融資手法ですから、予期せぬことや、どうにも解決策が見つからないようなことが、よく起こりました。筆者が勤務していたのは政府系金融機関だったので、政策的に意義があれば思い切ったことにもチャレンジできたのですが、商業ベースで考えると、こんな非効率な融資はとても続けられないよなあ、これって本当に使える制度になるのかなあ、と疑問を感じることがあったのも事実です。

そうしたときに、融資先のベンチャー企業の社長から、このようにいわれたことがありました。

「融資を受けられたのはもちろん有難いけれども、こうやって銀行の担当者が、数字だけをみてあれこれいうのではなく、うちの技術のことを一生懸命勉強して、わかろうとしてくれたこと。それがうれしいなあ」

目先の効果だけを考えると、非効率きわまりない取組みでした。しかし、融資先との間には、いままでにないようなつながりが生まれてきている。それがやりがいになり、もうひと踏ん張りしようという心の支えになったものです。

知的財産を担保にした融資に取り組むことのいちばんの意味は、おそらくここにあると思います。融資先の企業との間に、いままでになかった新しいつながりが生まれること。

弁理士として仕事をするようになったいまも、よく思うことがあります。

金融マンは、企業を資金の面からサポートするのが仕事です。弁理士は、企業を知的財産の面からサポートするのが仕事です。でも、その専門分野に目を向けているだけでよいのでしょうか。会社は、資金だけで動いているわけでもなければ、知的財産だけで動いているわけでもありません。特に中小企業が顧客である場合には、資金の面にせよ、知的財産の面にせよ、会社全体をよくみたうえで、どういうサポートが必要かを考えること。その企業が大切だと思っていることは、自分の役割と直接関係がない分野でも、話を聞いてよく理解すること。たとえ理解できなくても、少なくとも理解しようと努力したうえで、自らの専門分野からの切り口を考える。そういうスタンスが、中小企業との付合いを深めていくには欠かせないのです。

私たちの国、日本には、考える中小企業、やる気のある中小企業がたくさん存在しています。そういうポテンシャルがあるのです。全国各地のそうした中小企業に、地域の力を注ぎ込んで、元気で前向きな企業になる後押しをしていく。説明力を磨き、挨拶力を磨いて、ファンと応援団を引き寄せる、元気な中小企業を育てていく。その中小企業の元気が地域を引っ張り、地域が元気になる。そして、元気な地域の集合体であるニッポンが元気になる。
それが私たちのオリジナリティ、私たちにしかできない仕事です。

おわりに

筆者はいまでこそ、技術だ、ブランドだといった知的財産の話ばかりをしていますが、その昔は、地理オタクで電車の窓から景色を眺めるのが大好きな少年でした。何よりの楽しみは、地図をみて想像をふくらませていた風景を、電車に乗ったときに窓から外をみて確認すること。

そして、車窓から赤地に白のハートのマークを見つけると、

「あっ、ハートの銀行だ！」

と声をあげていたものです。私の父が当時、預金残高が国内でトップだった第一勧業銀行に勤めていたからです。いつも父が「お父さんが仕事をしている第一勧銀は、日本でいちばん大きな銀行なんだよ」と話すのを、子供心にも誇らしく思っていたことを、いまでもよく覚えています。あの頃は個人情報もなにもない時代でしたから、学校で親の仕事を誇らしく言い合ったりすることもよくありました。読者の皆様にも、そんな記憶のある方がおられるのではないでしょうか。

私の義父は、長く食品関連の仕事に携わってきました。盆も正月もないくらい、いつも一生懸命に働き続けていたそうです。バリバリと第一線で仕事をしていた頃は、義父がかかわっているお客様の商品がいつも食卓に並べられていました。そして、「これがおいしいんだ。まあ食べてみなさい」とよく勧められたものです。

日本に元気な会社があふれていたあの時代は、自分の会社、自分の仕事が誇らしく、自信に満ちていたように記憶しています。父親、母親の仕事の誇りは、家族の誇りです。家族の誇りは、職業人の背中を強く押します。社会にエネルギーを生み出す原動力です。

日本経済が長く低迷するなかで、アジア諸国の台頭、国内市場の縮小、デフレや円高、ふくらむ一方の公的債務、高齢化社会の到来……いろいろな課題がいわれています。日本の国際的な地位が低下している、貿易収支が赤字に陥った、日本を代表する大手メーカーの経営が悪化し、大規模なリストラが行われる——そんな暗いニュースが蔓延し、私たちは大切なものを見失ってしまいがちなのではないか。日本が元気になるためにはどうしたらよいのか。本当に大切なことは、政治や経済の問題よりも、私たちの心のなかにあるのではないか。

一人ひとりが、自分の仕事に誇りをもつこと

これも日本が元気になるための大きな課題ではないでしょうか。

本書を手に取っていただいているのは、どのような方々でしょうか。

中小企業の経営者の方、中小企業にお勤めの方、企業の知的財産担当や知的財産関連の専門職の方、地域金融機関や行政機関、中小企業の支援機関にお勤めの方といったところでしょうか。

中小企業の経営者の皆様。そして、中小企業にお勤めの皆様へ。

会社を、地域を、ニッポンを、皆様が牽引役となってどんどん引っ張っていってください。各地の知的財産関連のセミナーや知財塾、知財総合支援窓口などでお会いできることがあるかもしれません。しっかりした軸のある会社、自信と誇りに支えられ、元気で前向きな会社を、知的財産の力を生かしてつくっていきましょう。

シリコンバレーにも、アジアの攻勢にも負けるものか。世界が驚く、中小企業が主役の日本型成長モデルを示してみせましょう。

企業の知的財産担当や、知的財産関連の専門職の皆様へ。

時代は変化しています。私たちの仕事は、権利を押さえて技術やブランドを守るとか、権利を活用するということだけではありません。「知的財産」を媒介にして、企業の思いを顧客と結びつけ、新しい需要を、新しい市場をつくりだしていくこと。そして、ほかにはないオリジナリティを「知的財産」というかたちで示して、会社の自信と誇りを支えていくこと。そこにも重要な役割があるはずです。

日々の業務はそんなきれいごとですむはずがない。机にへばりついたベタベタの作業が続き、時にはライバルとの化かし合い、激しいやりとりの応酬だってあることは、実務家の一人である筆者もよくわかっています。それでも、私たちはユニークで重要なポジションにいるということを、しっかりと自覚するべきです。私たちの仕事は、他の部門にはなかなかできない多くの可能性を秘めた、やりがいのある仕事です。そのことを見失わず、明るく誇りをもてる、元気な会社をつくっていこうではありませんか。

地域金融機関の皆様へ。

お金の面も含めて、地域の中小企業の実態をいちばんよく把握している存在が、地域金融機関であることは間違いありません。地域の中小企業との関係を強化し、地域を活性化するために、「知的財産」という味付けをちょっと加えてみてはいかがでしょうか。筆者も「貸し手の目線」を共有する元銀行員として、どこかで一緒に仕事をさせていただく機会があればうれしく思います。

行政機関、中小企業の支援機関の皆様へ。

特許庁や各地の経済産業局の方々が、中小企業の支援や知的財産制度の普及啓発などにご尽力されている様子を、いつも心強く思っています。中小企業と知的財産という二つのテーマを結びつけるシナリオを、本書ではいろいろ考えてきました。筆者も中小企業の知的財産支援関連のプロジェクトにかかわらせていただくようになって一〇年近くになりますが、おもしろそうなことができるのではないか、という方向性がここ数年の活動からみえてきた気がします。私たちにできることは、まだまだありそうです。

最後になってしまいましたが、本書への掲載をご快諾くださった中小企業の経営者の皆様に、この場を借りて厚く御礼申し上げます。筆者も皆様の会社の応援団の一人です。一度、会社を赤外線カメラで撮影してみてください。社員の方々の後ろのどこかに、筆者もちょこっと写っているはずです。

本書で紹介した企業以外にも、これまでに数多くの元気で前向きな中小企業に接する機会がありましたが、紙面と時間の制約から、すべてを紹介できなかったことがとても残念です。本書では、北日本の企業を紹介できませんでしたが、特許庁のプロジェクトなどで一緒に動いている仲間からは、北海道には株式会社ニッコー、青森にはテフコ青森株式会社など、ユニークで力のある中小企業がたくさんあると聞いています。

中小企業の知的財産支援関連のプロジェクトで多々お世話になっている、特許庁普及支援課や各地の経済産業局特許室の方々には、かつてご一緒させていただいた方々も含めて、本当に感謝しています。これらのプロジェクトにご尽力されている皆様には、各地で頑張っている中小企業や中小企業の支援者に、筆者がもっている情報をフィードバックするよう汗をかくことで、少しでも恩返しができればと思っています。

また、弁護士の鮫島正洋先生をはじめ、一連のプロジェクトでご一緒させていただいている委員や事務局の皆様、ああしたい、こうしたい、あれはダメだ、これはダメだと、いつも好き勝手なことばかりいって申し訳ありません。何とかこれからも変わらぬお付合いをいただけると幸いです。

初めて知財塾を開催した愛媛県西条市をはじめ、各地のセミナーなどでお世話になった皆様、お声掛けをいただき誠にありがとうございました。東京から講師を呼ぶのには、いろいろご苦労もあられたかと思います。これからもそういった機会があれば、ご尽力をいただいた思いに応えられるように、多少暑苦しい部分があるかもしれませんが、全力投球で頑張りますのでよろしくお願いいたします。

そして、三菱ＵＦＪリサーチ＆コンサルティングの主任研究員として、知的財産を切り口にした元気な中小企業へのヒアリング、西条知財塾というまったく新しい試みとなった二つのプロジェクトで、何度も一緒に出張し、筆者の無理難題をしっかりとかたちにしてまとめてくださった、故鶴田哲也氏に本書を捧げます。ニッポンの元気のためにいつも全国を飛び回っていたあなたの思いは、一緒に仕事をさせてもらった私たちが、たしかに預っています。全国で、中小企業を、地域を元気にしようと頑張っている読者の皆様とも、きっとその思いを共有できるはずです。

二〇一三年三月

土生　哲也

■ 著者略歴 ■

土生　哲也（はぶ　てつや）

1989年京都大学法学部卒業、日本開発銀行（現・株式会社日本政策投資銀行）入行。

知的財産を担保にしたベンチャー企業向け融資や、同行系ベンチャーキャピタルの立上げを担当する。2000年弁理士登録、2001年土生特許事務所開業。金融、ソフトウェアなどの特許実務に携わるほか、特許庁や各地の経産局で中小企業向け知的財産戦略関連事業の委員を歴任し、中小企業経営者や金融機関向けセミナーの講師も多数務めている。

主な著書に、『よくわかる知的財産権担保融資』（金融財政事情研究会）、『経営に効く７つの知財力』（発明協会）、『知的財産のしくみ』（日本実業出版社）、『知的財産の分析手法』（中央経済社）がある。

KINZAIバリュー叢書
元気な中小企業はここが違う！
――知的財産で引き出す会社の底力

平成25年４月18日　第１刷発行

著　者　土　生　哲　也
発行者　倉　田　　　勲
印刷所　三松堂印刷株式会社

〒160-8520　東京都新宿区南元町19
発　行　所　**一般社団法人 金融財政事情研究会**
編 集 部　TEL03(3355)2251　FAX03(3357)7416
販　　　売　**株式会社きんざい**
販売受付　TEL03(3358)2891　FAX03(3358)0037
URL http://www.kinzai.jp/

ISBN978-4-322-12311-1